기독 (목회) 상담

어떻게 다른가요

심 | 리 | 학 | 과 | 신 | 학 | 의 | 만 | 남

권수영 저

학지사

기독교상담 혹은 목회상담은 일반 상담과 어떻게 다른가요? 정말 귀가 따갑도록 수도 없이 들어온 질문이다. 기독교상담이나 목회상담에 입문하는 이들이 당연히 물어야 할 질문인데도 불구하고, 듣게 되는 대답은 그리 간단하지도 명쾌하지도 않았던 것이 사실이다. 왜일까?

일단 명칭부터가 사람들을 헷갈리게 하기 쉽다. 기독교인이 하는 상담이 기독교상담인가? 아니면 기독교인들을 상담하는 것이 기독교상담인가? 그것도 아니면 기독교적인 내용을 다루는 것이 기독교상담인가? 목회상담은 목회자만 하는 것인가? 그렇다면 목회자가 하는 상담은 모두 목회상담이 되는가? 기독교상담과 목회상담은 동일한 이가 동시에 할 수 없는 상이한 체계인가? 의문은 꼬리에 꼬리를 물게 마련이다.

  기독교상담과 목회상담은 거의 동일한 체계인 듯하나 분명히 다른 두 용어로 사용되고 있다. 한국 목회상담협회나 기독교상담·심리치료학회는 그간 '목회상담'(목회상담사)과 '기독교상담'(기독교상담사)이라는 용어를 혼용하여 왔다. 여느 기관이나 목회상담사와 기독교상담사는 거의 동일한 교육과정과 훈련을 필요로 하지만, 자격증은 각각 다른 호칭으로 받는다. 단순히 목회상담사라는 호칭은 안수받은 목회자에게, 그리고 기독교상담사라는 호칭은 세례받은 기독교인들에게 쓰이는 것만이 다를 뿐이다. 이는 어떠한 자격이나 어떠한 신분을 가진 사람이 하는가에 관련된 기능적인 정의에만 지나치게 초점을 두고 있어서, '어떻게' 하는지에 관련된 방법론적 관심은 자연스럽게 희석된다. 나는 '기독교+상담'이라는 것과 '목회+상담'이라는 용어들에서 사실은 '기독교'(Christianity) 혹은 '목회'(ministry)라는 용어가 그 자체로 완결된 의미체계를 구성하는, 즉 상담체계와는 별개의 구조인 명사형이 아니라, 상담이라는 구조적인 과정의 성격을 규정하는 '기독교적'(Christian)이고 '목회적인'(pastoral)이라는 형용사형인 점에 주목한다. 기독교적(Christian)이라 함은 '기독교라는 종교의'(of Christianity)라는 단순한 수식이거나 '기독교인의'(Christian's)이라는 소유격과는 다르기에, 나는 '기독'(Christian)이란 말을 더 선호한다. 사실 '기독'이라는 형용사는 '기독교의' 혹은 '기독교인의'라는 기관적인 종교 자체나 개인의 소속 여부와는 무관하다. '기독'은 '그리스도를 따르는'(following Christ) 혹은 '그리스도를 닮은'(Christ-like) 구조나 성격을 의미하기 때문이다. 이와 같은 이치로 '목회적인'이라 함도 '목회자의'(pastor's)라는 단순한 소유격의 의미를 넘어서는 것이다. 쉽게 말해서, '누가' 하는가가 기독상담이나 목회상담을 결정하는 것이 아니라, '어떻게' 하는가가 기독상담과 목회상담을 기독적이고 목회적이게 만든다는 것이다. 이때 바로 상담을 기독적이고 목회적이게 만드는 '어떻게'의 방법론은 다름 아닌 신학적인 틀(theological framework)이다. 결국 기독상담과 목회상담은 '신학'이라는 동일한 하드웨어를 갖는 것이다. 즉, 다양한 심리학의 소프트웨어를 사용하는 기독상담과 목회상담이 어떻게 '신학'이라는 하드웨어상에서 심리학의 소프트웨어를 작동시키는지에 대한 밑그림을 보여 주려는 것이 내가 이 책을 쓰게 된 동기다.

  기독상담사나 목회상담사는 상담의 현장에서 정신의학적이고 심리학적인 '사례'를 접할 뿐만 아니라, 상담사와 내담자 그리고 하나님이 상호적으로 만나는 '목회적인 사건'을 경험한다. 이 책에서 나는 기독교의 기본적인 신학적 이해(예를 들어, 계시, 성육신, 인간의 죄, 하나님의 징벌, 십자가, 회개 등)를 상담의 현장에 등장하는 임상적인 경험(예를 들어, 내담자의 자기 인식, 하나님 인식, 상담자의 공감, 죄책감과 수치심, 자아 정체성, 치료나 변화의 과정 등)과 구체적으로 대화시킬 것이다. 이는 기본적인 신학적 이해를 보다 실천적으로 재해석하기 위한 수순이다. 이렇게 상담에서 경험하는 평범한 신학적 주제를 다양한 심리학이나 사회과학적인 방법과 대화하면서 비판적이고 통합적인 신학적 의미로 재해석하는 방법론을 '목회신학'(pastoral theology)이라고 하며, 전통적으로 이 목회신학의 성찰 방법론은 '목회상담'이라는 임상적 경험에 대한 심리학과 신학의 통합적인 성찰을 담당하여 왔다. 내가 이해하는 기독상담과 목회상담은 심리학적인 접근을 배격해 버리는 상담이 아니다. 오히려 신학적인 틀 안에서의 심리학적인 접근은 나무만 보지 않고, 이를 둘러싼 숲이라는 관계적 삶의 세계와 그 숲 너머에 있는 하늘이라는 신적인 현실까지 연이어서 볼 수 있는 확대된 지평을 확보한다.

일단 용어 이야기를 마무리 짓자면, 기독상담의 '기독'이라는 형용사를 '기독교의' 또는 '기독교인의'의 의미가 아니라, '그리스도를 따르는' 또는 '그리스도를 닮은'이라는 구조적 의미로 생각할 때, 목회상담에서의 '목회적'이라는 형용사 역시 목자(shepherd)되신 그리스도의 목회 사역을 실천적으로 재해석하는 신학적인 방법론의 관점에서는 동일 선상에 있음이 명백하다. 그래서 나의 무리한 욕심으로는 '기독-목회상담'(Christo-pastoral counseling)으로 통합하여 사용하자고 주장하여 두 용어의 혼동을 막고 싶은 마음도 있지만, 이 역시 '역전 앞'과 같은 동의어 반복이라는 비판도 있을 법하여 접어 두고 단지 여기서는 신학적인 방법론에서 '목회상담'과 '기독상담'이라는 임상적 실천이 결코 상이한 체계가 될 수 없다는 점만 강조하고자 한다. 내가 이 책에서 내내 기독(목회)상담이라고 쓰는 이유가 이러한 연유에서다.

　나는 이 책에서 '신학'이라는 학문적 방법론이 심리학과 어떻게 만나 상담의 과정을 이끌어 가는지 소개할 것이다. 이러한 과정을 설명하려면 방대한 신학을 임상적으로 조리하여 소개하는 일이 필수적이다. 그래서 나는 신학을 전혀 공부하지 않았지만 상담 분야에서 훈련을 받고 있거나 상담이나 심리치료 분야에 종사하고 있는 이들이 기독교의 일반적인 상식을 가지고도 기독(목회)상담의 기본적 구조를 이해할 수 있도록 이 책을 썼다. 또한 이미 명칭이 주는 오해에서 밝힌 것처럼 사실 많은 임상가들이 기독(목회)상담을 단순히 기독교인이나 목회자의 '신앙상담' 정도로 오해할 소지가 많다는 점도 사실 이 책을 쓰게 한 동기다. 물론 이 책이 기독(목회)상담은 역시 달라도 많이 다르게 느껴지고, 더 먼 나라 이야기처럼 들릴 수도 있겠다는 우려도 든다. 하지만 내가 이해하는 기독(목회)상담은 실제적인 전문성을 버려야만 접할 수 있는 종교의 초월적 세계에 존재하지 않는다. 오히려 나는 상담사가 어떠한 특정한 임상적인 훈련과 전문성을 가지고 있든지 그의 임상적 활동이 '기독적'이고 '목회적'이고자 하는 태도와 신학적인 성찰 능력을 가질 수 있다면, 이미 그들은 기독(목회)상담사라고 굳게 믿는다. 이제는 상담실에서 내담자를 기다리는 수동적인 상담사가 아니라, 성서의 목자와 같이 보다 더 많은 내담자를 찾아가서 그리스도와 같이 공감하고, 보다 더 목회적으로 돌볼 수 있기를 간절히 바라는 마음으로 과감하게 여러분을 기독(목회)상담의 세계로 초대한다.

모든 책이 그러하듯, 상담에 대한 책은 결코 혼자 쓸 수 없다. 먼저 기독(목회)상담에 대한 지대한 관심을 가지시고 출판을 허락해 주신 학지사 김진환 사장님께 깊이 감사드리고 싶다. 뿐만 아니라 긴 교정작업을 마다하지 않으신 정영석 차장님을 비롯한 편집부 직원 선생님들, 교정 및 색인 작업에 힘써 준 연세대 대학원의 박지혜, 윤지은 조교에게도 깊이 감사드린다. 늘 형제처럼 함께 사역하면서 한국 기독(목회)상담의 방향에 대하여 귀한 비전과 뜻을 나누는 연세대학교 연합신학대학원 정석환 원장님과 상담학과 유영권 교수님의 지속적인 지원과 격려는 이 책의 든든한 기초가 되었다. 그리고 상담을 하기보다는 받아야 할 남편을 늘 같은 자리에서 품어 주고 안아 준 사랑하는 아내 윤숙, 말을 하기 시작한 이래 지금까지 지치지 않고 아빠의 공감적인 대화의 상대역을 도맡아 온 사랑스러운 딸 다빛, 그리고 탈진 직전의 지친 아빠에게 늘 웃음과 엄청난 에너지를 공급하여 주는 막내 아들 다함은 지금껏 나의 상담 사역을 지탱하여 준 고마운 동역자들이다. 또한 영국의 소아과의사이자 정신분석가였던 도널드 위니캇(Donald W. Winnicott)이 말했던 것처럼 "나를 가르치기 위해 오히려 내게 돈을 지불한" 나의 많은 내담자들을 잊을 수 없다. 내게 나누어 주었던 그들 자신의 삶과 그들의 하나님은 내가 나의 상담과 나의 하나님을 새롭게 인식하여가는 데 귀한 밑거름이 되었다. 또한 미국

캘리포니아 주의 로이드 센터(Lloyd Center)라는 목회상담기관에서 훈련받을 때 나는 샌드라 브라운(Sandra Brown)이라는, 아마 내 생애 다시 만나기 어려운 최고의 지도감독자(supervisor)를 만났다. 미국에서 '목회상담'이라는 용어를 처음 썼던 목회신학자 시워드 힐트너(Seward Hiltner)는 수많은 걸출한 제자들을 남겼고, 그들은 북미의 목회상담과 목회신학의 기초를 다졌다. 힐트너가 마지막으로 배출한 제자가 바로 샌드라 브라운이었고, 놀랍게도 힐트너의 제자들은 한결같이 힐트너가 생전에 가장 아꼈던 제자가 바로 그의 마지막 제자였다는 데 동의한다. 이유는 단순하였다. 그녀는 그 누구보다도 상담의 신학적인 구조를 강조하고, 그것을 몸소 실천한 임상가이기 때문이었다. 나는 그녀가 은퇴하기 바로 직전까지 그녀로부터 혹독한 '신학적인 성찰' 훈련을 받았고 넘칠 만한 사랑을 받았다. 그녀는 매시간 내게 힐트너에게 주문받은 '신학적인 성찰'을 반복하였고, 그녀를 통해 '신학적인 성찰'의 전통은 내 뼛속 깊숙이 각인되었다. 나는 결국 그녀의 마지막 제자가 되었고, 어느새 한 기독상담센터의 소장이 되어 그녀가 하던 일을 하고 있다. 나 역시 그녀에게 배운 대로 슈퍼비전을 하면서, 내 스스로 '신학적인 성찰'의 전도사가 되어 가는 모습을 본다. 신학적인 성찰이 무슨 필요가 있겠느냐고 불평하며 억지로 따라오는 학생들과 실습상담사들을 만나는 일은 그리 불쾌하지도, 그리 피곤하지도 않다. 왜냐하면 나는 그들이 머지않아 나와 같이 신학적인 성찰의 필요성에 대해 눈을 뜨고, 내담자와 하나님과 함께 즐거워할 날을 그려보기 때문이다. 샌드라 브라운 교수와 만나게 해 주신 하나님의 예비하신 축복에 감사하면서, 이 책을 쓰는 내내 그녀에게 배운 귀한 전통이 보다 많은 이들에게도 의미 있게 전달되기를 소망하는 마음으로 가득 찼었다. 이 책을 나의 잊을 수 없는 스승 샌드라 브라운 교수에게, 그리고 청출어람을 향해 오늘도 기독(목회)상담에 투신하는 나의 학생들과 실습상담사들에게 바친다.

연세대학교 상담·코칭지원센터에서
권수영

차 례

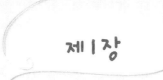

제 1 장

기독(목회)상담, 무엇이 다른가
─심리학과 신학의 만남

제1장

기독(목회)상담, 무엇이 다른가
-심리학과 신학의 만남

기독(목회)상담의 정체성, 즉 '기독교상담 혹은 목회상담이란 무엇인가?'의 문제는 수많은 학자들과 임상가들이 하루 이틀 고민해 온 문제가 아니다. 앞서 이야기한 것처럼 한국어로 쓴 기독교상담은 '기독교'라는 단어와 '상담'이라는 단어의 조합으로 이루어져 오해를 불러일으킨다. 두 개의 개별 단어가 만나 총체적인 의미로 완결되어 있는 느낌은 먼저 '기독교상담'이라는 단어를 처음 듣는 이들에게 약간의 당혹함을 준다. '기독교'라는 거대 종교 체계와 '상담'이라는 임상 체계가 무슨 관련이 있다는 말인가? 왜 그리고 어떻게 연결시키려고 하는 것인가? 미국의 저명한 사회학교수인 필립 리프(Philip Rieff, 1966)는 이미 1960년대에 기독교가 자가 치료적 체계(self-help therapy)로 변질되어 갈 것이라고 예견하였다. 구원은 그저 심적인 건강으로 축소되고, 하나님의 모습 중에서도 치료하시는 하나님의 모습이 지극히 강조된다는 것이다. 그리스도는 메시아이기보다 치유자로 소개되고, 교회는 복음을 전하기 위해 심리학을 하나의 필수적인 도구로 사용한다는 것이다. 그렇다면 기독교상담이 바로 리프 교수가 예견한 기독교와 상담의 치료적 야합이란 말인가?

앞서 이야기한 대로, 사실은 기독교상담이라는 단어 자체가 기독교(Christianity)와 상담(counseling)이라는 단어의 조합이 아니라, '기독적인 상담'(Christian counseling)이라는 사실을 통해 기독교라는 종교가 그 종교를 심리치료화하려는 프로젝트의 일환으로 기독교상담을 제시하는 것이 아니라는 점을 분명히 할 필요가 있다. 형용사로서의 '기독'(Christian)이란 단어는 '기독교' 라는 거대 종교로서의 총체적인 완결 구도보다는 상담이라는 임상체계에서 강조되어야 할 하나의 속성과 방법의 문제로 전환된다. 기독교상담의 기독교는 '기독교' 라는 종교 자체(religion itself)의 문제가 아니다. '기독(교)적' 이라는 형용사형이 수식하는 성질의 공통분모인 '종교성(religious-ness)', 더욱 자세히 말하면 '기독성'(Christian-ness)의 문제다. 다시 말해, 이것은 상담에서 무엇이 '기독적인' 태도이고 '기독적인' 공감이며, 무엇이 '기독적인' 치료이고 '기독적인' 평가인가 하는 상담 방법론의 질적 구성요소에 관한 문제다. 결국 방법론적 측면인 '기독적인' 속성이 기독상담의 정체성,

즉 '기독상담이란 무엇인가' 라는 질문을 해결하는 것에 있어 가장 중요한 열쇠가 된다.

그런데 상담을 진행할 때 이러한 상담의 구성요소 전반을 아우르는 '기독적인' 속성을 제공하는 일 또한 실로 쉬운 일이 아니다. 그저 상담사가 기독교인이므로 기독상담이라고 장담할 수 없고, 내담자가 기독교인이라고 기독상담이 성립되는 것도 아니다. 그리고 상담의 내용이 기독교적 신앙과 관련된 것이라고 기독상담이 되는 것도 아니다. 기독상담은 상담사나 내담자의 종교 유무 혹은 상담의 내용과는 상관없이 상담 절차 전반에 기독적인 종교성이 제공되어야 하는 것이다. 이러한 기독적인 속성은 기독적인 방법론에서 비롯된다. 상담이라는 집의 현장감독이나 일꾼들이 기독교인이라고 해서 그 집이 기독적으로 지어지는 것이 아니며, 기독교적 건축 자재의 문제도 아니다. 바로 기독적인 '설계도'가 있어야 상담이라는 집은 기독적으로 형태를 갖추어 간다는 것이다. 물론 여기서 설계도란 건물주와 건축회사 사이의 거래를 표기하는 계약 문건이 아니다. 설계도에 나타난 공정상의 순서와 정신이 건물 건축의 순서마다 살아있는지에 관한 과정(process)의 문제다.

나는 우선 이번 장에서 상담에서의 '기독적인' 설계 정신을 제공할 방법론이 바로 신학(theology)이라고 상정한다. 따라서 이 '신학'이라는 방법론이 심리학이 제공하는 방법론에 어떠한 '기독성'을 제시하면서 기독적인 상담 방법론을 구성하는지를 살펴보고자 한다.

1. 임상의 과정 중에 드러나는 신학: 버려야 할 환상들

신학을 학문적으로 정의하는 것은 용이한 일이 아니다. 우선 문자 그대로 어원학적으로 살펴본다면, 신학(theology)은 신(theos)에 대한 말씀 혹은 이성(logos)이라는 단어의 합성어로서 신에 대한 말이나 생각, 더 나아가서는 신에 대한 이성적인 탐구를 하는 학문적 체계를 의미한다고 하겠다. 물론 신학이라는 학문의 주제가 이제는 신의 존재나 본질에 대한 문제에만 국한되지 않고, 좀 더 포괄적으로 '신적인 것들'(the divine matters)에 대한 언설과 가정들을 개념화하는 작업이라고 정의한다(Neville, 1991, p. 1). 이러한 정의에서 신(God)보다 '신적인 것들'이라는 포괄적 개념을 쓰는 이유는 다른 종교 전통에 대한 현대 신학자들의 포용적(inclusive) 성격을 나타내는 것이다. 뿐만 아니라 이는 일찍이 신이라는 단어보다 오히려 '존재의 근거' 혹은 '궁극적 관심'과 같은 상징적인 용어를 사용함으로써 인간의 삶의 자리에서 그 실재를 경험하면서 생겨난 질문들을 가지고 신학적 해답을 찾고자 하였던 신학자 폴 틸리히(Paul Tillich)의 '상관관계적 방법론'(correlational method)에 적용되는 정의라 할 수 있다. 틸리히가 이 방법론을 제시하기 이전에는 지극히 신학적 질문을 묻고(예를 들어, 계시나 삼위일체론 등) 그 질문을 성서와 전통에서 답하려고 하는 신학적 방법이 주를 이루었다면, 그 이후의 방법론은 인간의 실존적 질문을 신학적 과제의 출발점으로 삼고 신학을 전개한다. 다시 말해, 신은 바로 우리의 실존의 자리에서 '신적인 것들'로 경험되는 실재라는 것이다.

그렇다면 임상의 과정에서 왜 신학을 논하려고 하는가? 내담자가 상담사에게 그가 경험하는 '신적인 것들'에 대한 언급을 한다면, 이는 분명히 내담자의 신학이라고 정의하여도 무방할 것이다. 여기서 신학은 기독교 전통이나 현대의 문화 가운데 있는 '신적인 것들'보다는 인간의 심리 구조 가운데 작용하는 '신적인 것들'에 대한 언설이다. 그러므로 신학은 한 개인이 신학교에서 배우거나 알고 싶어 하는 학문 방법론이기도 하지만, 누구든 본인이 알지 못하는 사이에 체득되고 실행되는 내면적 삶의 구조이기도 하다. 임상적으로 신학적 논의를 시도할 때 처음으로 버려야 할 환상은 신학이 특정한 사람들, 예를 들어 신학박사 소지자나 대학교수 등의 학문적 작업이라는 생각이다.

누구나 '신적인 것들'에 대한 의식적 혹은 무의식적 느낌을 가지며, 그 힘에 따라 행동이나 삶의 방향을 지배받기도 한다. 한 개인에게 이 '신적인 것들'은 보이지 않는 힘이요, 대부분 무의식적으로 지배받는 심리적 구조를 형성하는 한 요소다. 이 '신적인 것들'에 대해 언급할 수 있을 만큼 이를 명료하게 인식하고 있는 사람이 있는가 하면, 무의식 속에 묻혀 의식의 장에 드러나지 않는 '신적인 것들'을 소유한 사람도 있다. 그러나 그 어느 누구도 이 '신적인 것들'과 무관하게 사는 인간은 없다.

더욱이 기독교인들은 모두 신학을 한다. 즉, 신에 대한 말과 생각을 지니고 살아간다. 앞서 제시한 정의에 의거하여 살펴본다면, 신학박사들이나 신학대학 교수들만이 신학자가 아닌 것이다. 목회상담학자 하워드 스톤(Howard W. Stone)과 신학자 제임스 듀크(James O. Duke)의 주장처럼, "기독교인이 된다는 것은 전적으로 바로 신학자가 된다는 것이 성립된다. 예외는 있을 수 없다(Stone & Duke, 1996, p. 2)." 기독교인 모두가 신학자라는 말 자체가 갖는 어색함을 피하기 위해 이를 기독교인들은 모두 '기독교적인 신'에 대한 말이나 생각을 하며 살아간다는 의미로 바꾸어 본다면 부인할 사람은 많지 않을 것이다.

임상적인 신학을 언급할 때 또 버려야 할 환상은 신학의 주체에 대한 것이다. 신학의 주체는 하나님이 아니다. 신학의 오랜 주제였던 '계시'(revelation)를 연구하는 신학자들은 마치 신학의 주체가 인간이 아닌 자신을 계시하는 하나님인 것으로 오해하여 논증의 중심을 찾지 못한 적이 있었다. 이에 미국의 신학자 고든 카우프만(Gordon D. Kaufman, 1981)은 인간의 상상력(imagination)을 새로운 신학의 주제로 제시하였다. 그는 모든 신학이 일차적으로 인간의 상상력의 산물로서 이해되어야 한다고 주장한다. 신학은 단순히 기독교 전통의 재해석이나 번역작업이 아니라, "인간의 삶을 위하여 보다 적당한 방향성을 제공하려는 인간의 상상력의 창조적인 작업"이라고 정의한다(1985, p. 20). 카우프만은 신학의 주체는 다름 아닌 인간 그 자신이요, 그들의 목적을 위해 진행되는 인간적 작업임을 공고히 한다. 신학은 사실 인간의 현실 가운데 있는

'인간의 삶에 작용하는 방향성'(orientation for human life)을 여실히 보여 주는 인간적인 일이다. 신학은 '신'을 보여 주기보다는, 신을 향해 가려고 하는 '인간'을 더욱 자세히 드러나게 한다. 인간적인 삶의 모습을 드러내는 '신적인 것', 즉 인간에게 작용하는 신적인 권위나 신적인 상징에 대해 해석하는 인간적 작업이 결국 신학이라는 것이다. 결국, 철학적으로도 신학은 인간을 보여 주는 인간학이 된다. 서양철학과 기독교신학의 역사적 평행관계에 대한 비판적 연구를 통하여 신학자 정재현(2003)은 하나님 생각은 어쩔 수 없이 인간관의 반영에서 벗어날 수 없으며, 따라서 신학은 인간학일 수밖에 없다고 주장한다. 그러므로 임상의 현장에서 내담자가 보이는 '신적인 것'에 대한 생각이 늘 그 자신만의 인간학을 드러내는 것이라는 점 또한 그리 놀랄 만한 일이 아니다. 내담자의 '하나님 생각'(신학)은 관계적 삶 속에서 유래하는 자신 혹은 타인을 향한 '인간 생각'(인간학)이 된다.

또 신학을 정의할 때 임상의 현장에서 버려야 할 마지막 환상은 신학이 일상적 삶과 동떨어진 먼 나라의 이야기라는 것이다. 그러나 신학 자체가 갖는 전통 해석에 대한 수구적인 면을 차치하고라도 신학은 사실 언제나 상황과의 긴밀한 연관 아래 발전하여 왔다. 현대의 해방신학이나 민중신학 또는 여성신학이 바로 인간적인 삶과 경험이 신학의 출발점으로 자리 매김하고 있다는 것을 잘 보여 준다고 하겠다. 신학은 교실이나 신학교에서 이루어지는 사변적 작업이고, 목회는 삶을 담보로 하는 실제적 작업이라는 단편적 생각은 임상의 현장에서는 꼭 버려야 할 편견이다. 왜냐하면 상담의 현장에서 내담자가 가지는 '하나님 생각'(신학)은 그가 꾸려 가는 일상적 삶에서나 위기에 놓였을 때 그를 움직이는 보이지 않는 힘과 매우 긴밀하게 연결되어 있기 때문이다. 신학은 그저 딴 세상 이야기가 아닌 정도가 아니라, 이 넓은 세상 가운데 나의 삶이 있고 그 삶의 한복판이라는 동전이 있다면, '신학'은 바로 그 동전의 뒷면에 있는 것이다.

하나의 임상사례를 살펴보면 위에서 언급한 신학의 세 가지 환상들이 명료하게 드러나면서 임상에서의 신학의 의미를 보다 명확히 밝혀 줄 것이다. 50대 부부가 이혼을 결심하고 상담사를 찾았다. 남편은 유능한 변호사로 장로교회의 장로였고, 결혼 전 가톨릭 신자였던 아내는 중·고등학교 교사이고 남편을 따라 장로교회에 출석한다. 두 사람이 모두 상담사를 찾아서 내뱉은 일성은 놀랍게도 똑같은 것이었다. "나는 도저히 남편(아내)을 용서할 수 없다." 또한 두 사람 모두 상대방이 기독교인인 것이 의심스럽고, 역겹기까지 하다고 첨언하였다. 남편은 아내에 대해 말하기를, "아내는 마음이 꼬여 있다. 나를 무시하고 매사에 부정적이다. 이런 부정적인 사람이 무슨 기도를 하는지 모르겠다."라고 하였다. 아내는 남편에 대해 묘사하기를, "남편은 모든 게 자기중심적이고 이기적이기 그지없다. 아마도 하나님도 자기 밑에 있다고 생각하는 것 같다. 이런 사람이 교회에서는 장로라고 다니니, 참 가당치 않다."

상담사를 찾아온 이 두 기독교인들의 만남은 분명 두 '신학자의 만남'이라고 보아야 할 것이다. 두 사람 모두 서로의 신학(하나님에 대한 생각)을 이 간단한 대화 속에 포함하고 있는 것이다. 이와 같이 신학은 직업적으로 신학을 연구하는 이들의 전문적 행위가 아닌, 이와 같은 평범한 임상 현장에서 발견되는 것이다. 상담사는 어렵지 않게 두 내담자들의 신학을 알게 된다. 경직된 장로교 신앙교육을 받은 남편의 신학(하나님 생각)은 '하나님은 만물을 통제하시고 지배하시는 절대자'였고, 가톨릭 중·고등학교를 다니면서 수녀들에게 많은 영향을 받았던 아내의 신학(하나님 생각)은 '하나님은 한없는 은혜를 모든 이들에게 베푸시는 은혜의 주'로 다분히 여성적이었다. 이 두 내담자의 신학(하나님 생각)은 사실 인간을 보는 그들의 관점(인간 생각)을 그대로 드러내 준다. 다시 말해, 남편의 신학은 아내를 절대자 앞에서 불순종하는 천하의 용서 못할 죄인으로 보고, 아내의 신학은 남편을 은혜의 주를 알지 못하는 사랑 없고 교만한 죄인으로 보고 있는 것이다. 신학은 두 사람, 남편과 아내가 서로에게 가지는 인간학으로 변모한다. 남편에게 아내는 절대자가 벌하실 인간으로 보이는 인간학이요, 아내에게 남편은 하나님의 은혜와는 거리가 먼 교만덩어리로 보이는 인간학인 것이다. 그리고 이들이 상담에서 한 이야기는 분명코 하나님에 관한 이야기가 아니라, 위기의 한가운데서 겪고 있는 일상적 삶의 이야기였다. 하지만 그들이 자신의 이야기를 하는 그 순간부터 '신적인 것'은 드러난다. 그들이 서로를 보는 절대적인 관점을 제공하고, 그들의 실망과 좌절 그리고 미움마저도 제공하는 듯한 보이지 않는 힘에 대해서 그들은 말하고 있는 것이다. 실상은 그들이 그들의 일상적인 삶에 밀접하게 엉켜 있는 하나님 생각(신학)을 잘 드러내었던 것이다.

2. 신앙고백적 신학과 작용적 신학

임상사례에 나타난 내담자의 신학(하나님 생각)을 보면서 '그래, 만약 그러한 의미의 신학이라면 나도 신학자야' 하는 일반적인 기독교인들의 신학을 자세히 살펴볼 필요가 있다. 아이러니컬하게도 사실 신을 믿는 종교인들이 모두 자신의 내면세계에 있는 '신적인 것들'의 존재와 작용에 대해 확실히 인식하며 사는 것은 아니다. 그들이 인지적으로 정의하고 고백하는 신과 그들 삶에 작용하는 '신적인 것들'이 혹시나 다른 것일 수 있을까? 위의 임상사례에서 왜 아내의 신학, 즉 '은혜의 주'라는 하나님 생각이 그녀의 삶과 남편의 삶에 은혜의 주로 작용하지 않은 것일까? 그녀의 삶과 남편의 삶, 그리고 두 사람 사이의 관계적 삶 가운데 일하시는 하나님에 대한 생각은 무엇인가? 과연 한 개인이 가지는 신학은 몇 가지나 될까? 예를 들어, 한 기독교인이 고백하는 신에 대한 언설이 사실 그의 삶을 움직이는 '신적인 것들'과는 다른 모습을 가질 수도 있지 않을까?

사실 누구나 두 가지 이상의 신학(신 혹은 신적인 것들에 대한 생각)을 하면서 살아간다. 교회에 다니는 초등학생 민수가 가지는 신학은 매주일 암송하는 하나님에 대한 성서 구절과 성경공부에서 배운 생각으로 시작된다. 예를 들어, '임마누엘', 즉 하나님이 우리와 함께 하신다는 뜻의 구절을 배웠다고 가정하자. 민수는 주로 인지적 사고 구조 안에서 신에 대한 생각을 편성한다. 어느 날 민수는 갑자기 맹장수술을 받기 위해 입원을 하게 되었다. 수술 전 두려운 마음에 긴장하며 떨고 있는 민수에게 교회학교 선생님이 병원방문을 와서 성서 구절을 읽어 준다. 민수는 너무나 반갑고 고마워 눈물을 흘린다. 민수는 '하나님은 임마누엘의 하나님'이라는 말씀을 듣는다. 머리로 접수하였던 신에 대한 생각이 이제는 가슴으로 느껴져 온다. '임마누엘', 우리와 함께 하시는 하나님이라는 느낌이 가슴을 통해 수술을 앞둔 그의 마음과 태도를 바꾸는 것을 발견한다. 병원에서도 이제 난 혼자가 아니라는 느낌과 힘을 얻었고, 퇴원 후에도 생활 중에 함께 하는 '신적인 것'으로부터 힘을 얻는 느낌이 오랫동안 떠나지 않는다. 민수가 성경 공부를 통해 머리로 생각했던 신학은 '신앙고백적 신학'(professed theology) 혹은 '교리적 신학'(doctrinal theology)이라 할 수 있다. 그리고 그의 가슴을 울리며 삶을 변화시키는 힘으로 작용했던 신학을 '작용적 신학'(operational theology)이라 부른다(Jordan, 2011, p. 32). 이때 신학의 작용(operation)은 신학이라는 처방약의 임상적인 작용으로 설명할 수 있다. 우리가 복용하는 대부분의 처방약은 하루 3번 식후에 먹는 것이 보통이다. 이는 일반적으로 하루 세 끼마다 약을 복용한다고 생각하면 약 복용을 잊어버릴 가능성이 적기 때문에 '식후 30분 복용법'이 관례처럼 굳어졌다고 한다. 하지만 사람마다 식사시간의 간격이 다르므로 가장 정확한 임상적 작용을 위해서는 복용자의 의지가 절대적이다. 그리고 위장운동촉진제와 같은 약물은 식전에 복용해야 의학적인 효력이 발생한다고 한다. 하나님 생각(신학)도 모든 종교인에게 동일한 것처럼 보이지만, 사람의 심리와 의지에 따라서 삶 전체에 미치는 작용이 판이하다는 것을 명심해야 한다. 그리하여 개인마다 다른 이 임상적 작용을 작용적 신학이라고 부르게 된 것이다.

기독교신학의 가장 중요한 주제, 즉 '신적인 것들' 중의 하나는 성육신(成肉身; incarnation)이다. 이는 말씀이 육신이 되는 사건인데, 다시 말해 하나님이 인간의 육신을 입고 예수 그리스도의 모습으로 이 땅의 인간의 삶의 자리에 내려오는 사건을 가리킨다. 하나님의 이러한 속성을 가장 잘 표현하는 이 '신적인 것'은 한 개인의 삶에서도 의미를 발현한다. 민수의 첫 번째 신학, 즉 머리에 있던 하나님 생각이 가슴으로 내려오니, 민수의 삶에 하나님 생각이 성육신하여 작용(operation)하기 시작한다는 사실이다. 성육신 사건은 그리스도의 임재와 구원사건을 의미할 뿐 아니라, 한 개인의 삶에서 하나님의 임재가 어떻게 머리를 통해 가슴으로 전달되어 삶 전체를 움직이는 변화와 구원의 힘이 되는지 그 경로를 보여 주는 계시의 사건을 의미하기도 한다. 우리가 인지적으로 하는 고백의 신학이 내 삶 전체를 움직이는 작용적 신학과 일치되는 일이 성육신적 과정이다. 즉, 말씀이 내 안에 들어와 육신을 입는 일인 것이다. 그런데 누구나 이러한 일치된 모습의 신학을 삶 가운데 구현해 내는 것은 아니다. 예를 들어, 개인의 신앙고백적 신학은 그가 삶의 위기에 처했을 때 그의 삶에 다른 방향으로 작용하는 불일치의 길을 걷는 경우가 많다. 그 이유는 무엇일까?

좋은 약이 효력을 발생하려면, 약을 복용하는 이의 마음의 상태가 중요하다. 약의 효력(operation of a medicine)을 의심하고 심지어 효력을 발생하는 기간과 시간 등을 잘 지키지 않는 자세라면, 약은 어떠한 작용과 효력도 발생시키지 못할 것이다. 신학도 마찬가지다. 하나님에 대한 생각의 효력(operation of a thought)에서 생각 자체가 중요한 것이 아니라, 삶에 그 하나님 생각(신학)이 효력을 발생하도록 작용시킬 수 있는 신학자의 마음 상태와 의지가 절대적으로 중요하다는 것이다.

앞에서 살펴본 이혼상담을 하는 두 내담자의 사례를 다시 살펴본다. 아내의 신앙고백적 신학은 '은혜의 주'였지만, 아내의 은혜의 하나님은 남편의 하나님과 맞서 남편과 자신의 생각의 틈을 벌려 놓는 기능만 할 뿐, 실제로 아내의 삶이나 남편의 삶을 감싸안지 못하는 '분열의 주'로 기능한다. 아내의 하나님 생각(신학)이 아내와 남편의 결혼 생활 전반에 은혜의 주로 작용하지 못하는 이유는 무엇일까? 아내의 가슴으로 하는 신학, 즉 작용적 신학이 사실은 그녀의 신앙고백적 신학과는 다른 모습임을 드러내었기 때문이다.

여러 차례 상담을 통해 드러난 아내의 작용적 신학(하나님 생각)은 놀랍게도 '하나님은 강압적 군주'라는 것이었다. 아내는 아주 어렸을 때부터 자신의 어머니를 억압하고 구타하는 아버지를 보면서 자라 왔다. 그녀는 다행스럽게도 아버지로부터 구타를 당하지는 않았지만 늘 불안한 심리 상태로 자라났다. 그녀가 다녔던 가톨릭학교의 수녀들을 따르고 신앙생활에 열심이었던 것도 폭력적 가정에 대한 두려움과 염증으로부터 비롯된 것이었다. 대학을 입학함과 동시에 그녀는 폭력적 아버지로부터 궁극적으로 도피하는 길은 결혼이라고 생각하고 주저없이 결심했다. 결국 법과대학을 다니는 지금의 남편을 만나 연애 끝에 결혼했다. 잇따른 사업실패로 자신의 무능력함에 자격지심을 가지고 있었던 아버지와는 달리 사법고시를 합격한 남편의 당당한 모습은 그녀가 매력을 느끼고 결혼을 결심하기에 부족함이 없었다. 10년이 넘게 행복한 결혼생활을 하던 아내는 남편의 모습이 점점 아버지처럼 강압적으로 변해 가는 것을 보고 당황하기 시작했다. 나이가 들어 가면서 아내는 어머니에게 일방적인 순종을 요구하던 그녀의 아버지의 모습을 남편에게서 점점 발견하면서 아연실색했고, 방어기제를 작동시키기 시작했다. 그녀는 무의식적으로 자신을 자신의 어머니와는 다른 모습으로 급조했다. '내가 엄마처럼 고분고분하다 보면 결국 종처럼 끌려 다니고 맞기까지 할 거야……. 난 절대로 그렇게는 안 살아!'

　　상담에서 남편은 아내와의 불화 속에서도 어떠한 물리적인 힘을 아내에게 행사한 적이 없는 것으로 나타났다. 아내는 교회에 출석하고 열심히 신앙생활을 하였지만, 늘 가슴에는 두려움의 근원이 되는 하나님의 모습이 남아 있었다. 즉, 늘 자신의 아버지 같은 하나님, 이제는 남편 같은 하나님에 대한 생각이 그녀를 괴롭혀 왔던 것이다. 이혼을 결심한 것 역시 그녀의 이 작용적 신학, 즉 '폭군 같은 하나님'에 따른 것이었다. 그의 작용적 신학은 그녀의 삶에 다음과 같이 작용하였다. '남편이 너를 구타하기 전에, 그리고 하나님이 너를 더 벌하기 전에 지금 떠나라!' 그녀의 삶에 작용하는 신학(하나님 생각)이 결국 그녀를 이혼으로 내몰고 있었다. 이 신학에 따르면, 이혼만이 하나님의 징벌을 면하는 유일한 길이었다.

이 상담사례가 시사하는 것은 아내가 애초에 상담사에게 고백한 머리로 믿는 '은혜의 주'이신 하나님(신앙고백적 신학)보다 오랜 시간 동안 가슴에 맺혀 있던 '전제 군주' 같은 하나님에 대한 생각(작용적 신학)이 훨씬 더 강력하게 그녀의 삶에 작용하고 있다는 점이다. 사실 그녀를 이혼으로, 또 이혼 위기상담으로 오게 한 동인은 바로 그녀의 하나님, 더 정확하게 말하자면 그녀의 작용적 하나님 때문이었던 것이다.

3. 작용적 신학 찾기: 신학이 심리학을 만났을 때

기독(목회)상담사의 첫 번째 과제는 내담자의 작용적 신학을 탐험하고 밝혀내는 일이다. 이는 말처럼 쉬운 일이 아니다. 왜냐하면 이는 때때로 내담자의 신앙고백적 신학과는 정반대의 모습을 띠면서 그의 행동을 인도하는 데 보이지 않는 에너지로 작용하고 있기 때문이다. 상담 중에 있는 내담자가 그의 작용적 신학을 언어적 표현으로 스스로 쉽게 밝혀내는 경우는 드물다. 신앙심이 깊은 내담자인 경우는 상담 중에도 하나님에 대한 다양한 언설을 많이 풀어 내지만, 정작 그의 삶 자체에 작용하는 하나님 생각은 가슴 깊숙이 묻혀 있는 경우가 허다하다. 특히 목회자에게 찾아온 교인인 내담자의 경우, 신앙고백적 신학이 내담자의 작용적 신학을 꽁꽁 묶어 두는 일은 비일비재하다. 그래서 작용적 신학은 늘 내재적이고 숨겨진 신학(implicit theology)이지만, 사실 머리가 아닌 가슴에 상주하면서 내담자의 삶을 이끄는 원동력이 된다는 점에서 이것이야말로 살아 있는 신학(lived theology)이라고 할 수 있다.

신학이 두 갈래로 갈라지는, 아니면 더 많은 갈래로 갈라지는 이유는 내담자의 작용적 신학 자체가 개인의 역사를 통해 형성된 심리구조와 심층적 경험으로부터 영향을 받기 때문이다. 그러므로 갈라진 두 신학, 즉 신앙고백적 신학과 작용적 신학이 통합되는 일은 신학적이기보다는 심리적이고 치료적인 작업을 요구한다. 내담자의 하나님 생각(신학)이 인간의 행위와 무의식적 힘을 이해하는 데 절대적으로 필요한 것처럼, 내담자의 마음에 대한 생각(심리학)은 그 분리된 신학을 변화시켜 통합하고 온전케 하는 데 필수적인 요소가 된다. 임상의 현장에서 방법론적으로 신학과 심리학이라는 두 축은 자신의 독특한 영역을 빼앗기지 않으면서 서로 구별되지 않을 만큼 긴밀하게 연결되어 있다. 하나님 생각 자체가 인간의 심리를 담보로 하고, 인간의 심리는 하나님 생각을 구성한다.

기독(목회)상담의 방법론에 관심을 가지는 많은 학자들은 두 가지 타입의 기독(목회)상담사에 대해서 지적한다. 첫째, 너무 심리학적인 접근만을 시도하는 기독(목회)상담사들이다. 정신분석학이나 대상관계이론을 가지고 기독(목회)상담을 하는 이들이 정신분석가들과 다른 점이 무엇인가? 다양한 가족치료기법을 사용하여 기독(목회)상담을 하는 기독(목회)상담사들이 가족치료사와 어떻게 구별될 수 있을까? 둘째, 순전히 종교적 관점 혹은 성서적 관점의 상담을 시도하는 기독교 상담사들이다. 머얼 조던(Jordan, 2011)은 이 두 부류의 기독(목회)상담사들을 "오랜 세월 동안 끝을 헤아릴 수 없는 무연탄지대에서 캠핑하면서, 잔가지를 모아 몸을 덮히는 일에 엄청난 노력과 정열을 소비한 펜실베이니아 인디언"이라고 비유하였다(p. 18). 이는 혹시 기독(목회)상담사들이 신학이라는 무연탄지대에서 심리학만 가지고 인간 행위에 엄청난 작용적 힘을 가지고 있는 '신적인 것들'에 접근조차 하지 못하고 헛

된 정열을 소비하지는 않는지, 혹은 심리학의 무연탄지대 위에서 신학만을 가지고 '신적인 것들'에 얽혀 있는 심층적 구조를 너무 쉽게 지나치지는 않는지 돌아보게 한다. 그렇다면 기독(목회)상담 사가 심리학과 신학을 긴장감 있게 동시에 사용하는 방법은 무엇 인가?

무엇보다 신학과 심리학 모두를 방법론적으로 아우르는 기독(목회)상담은 신앙고백적 신학보다는 작용적 신학에 관심을 두게 된다. 다시 말해, 내담자의 인지적 사고와 신앙고백적인 구술과 관련된 신학에만 관심을 갖는 신앙상담을 넘어선다는 것이다. 쉽게 표현되는 신앙고백적 신학과는 달리, 가슴에 있는 신학(작용적 신학)은 심리학적 배경 없이는 발견조차 될 수 없고, 치료적인 접근을 무시하고는 다루어질 수 없다. 심리학의 도움으로 발견된 작용적 신학을 치유하는 길은 그가 잘못된 신학(하나님 생각)을 버리고 그의 삶을 온전한 방향으로 이끌 새로운 신학(하나님 생각)을 수립하는 것이다. 치유의 방법론적 완성에는 역시 하나님 생각(신학)이 그 자신에 대한 생각과 타인에 대한 생각(인간학)을 온전케 하는 원동력임을 재확인한다.

기독(목회)상담사에게 심리학은 작용적 신학을 찾는 데 다음과 같이 돕는다. 먼저 내담자의 개인의 역사를 탐험할 때 무엇이(혹은 누가) 내담자의 마음 가운데 '궁극적인 권위'(ultimate authority)로 인식되고 그 내담자의 경험이나 삶에서 자신이 그 궁극적인 권위에 따라 어떻게 다루어지고 평가되어 왔는가를 살핀다. 내담자의 자기 이미지(self-image)가 바로 이 궁극적 권위의 이미지와 항상 함께 병행하여 나타나는 점을 유의하면, 연결고리를 찾을 수 있다. 이런 인간의 개인사를 통한 심리구조 안에 작용하는 궁극적 권위의 이미지가 바로 하나님의 이미지(God-image)가 된다. 여기에서의 하나님 이미지는 작용적 신학의 하나님으로, 신앙고백적 신학의 하나님 개념(concept)과는 구별할 수 있겠다. 애나 마리아 리주토(Ana-Maria Rizzuto)는 하나님 표상(God representation)에 대한 기념비적인 연구를 통하여 임상현장에 있는 특정 개인에게 하나님은 신학자들이나 철학자들이 개념화하는 구체적인 언급이 아니라, '개인의 사적인 창조물'을 가리킨다고 주장했다(Rizzuto, 2000, p. 12).

여기서 기독(목회)상담사가 유의할 점은 하나님의 이미지를 탐험하기에 앞서 성서에 나타난 추상적 하나님의 개념(concept)만을 강요하고 주입시키려는 경향이 임상현장에서는 효과적이지 못하다는 것이다. 이는 작용적 신학 근처에 가 보지도 못하고 신앙고백적 신학 차원의 신앙상담만 하는 꼴이 된다. 작용적 신학의 온전한 이해는 내담자의 신앙고백적 신학의 배후에 있는 심리학을 함께 탐험하고 이해할 수 있을 때 가능해지는 것이다.

4. 작용적 신학 안에 있는 우상: 그 심리학적 이해

앞서 소개한 이혼상담의 임상사례에 나타난 아내의 작용적 신학, 즉 '하나님은 폭군'이시라는 하나님 생각(신학)은 대상관계이론가들이 지적하는 유아기 초기 돌봄제공자(primary caregiver)와의 심리내적인 경험(intrapsychic experience)과 연관되어 있는 하나님 표상 혹은 하나님 이미지(God representaiton; God-images)다(McDargh, 1983; Jones, 1999; Doehring, 1993; St. Clair, 1994). 이러한 하나님 표상 혹은 이미지에 대한 목회신학자들의 관심 또한 지대하다(Saussy, 1991; Armistead, 1995; Howe, 1995; Graham, 1997). 한 개인의 신앙을 총체적으로 알기 원한다면, 교회라는 '신의 집'에 찾아오는 아이들 모두가 각자의 집에서 가지고 오는 사적인 신에 대해 깊이 고려하지 않으면 안 된다는 것이다. 리주토(Rizzuto, 2000)는 말하기를, " '신의 집'에 찾아오는 아이들 중 애완동물로서의 신(pet God)을 팔에 안고 있지 않은 아이는 아무도 없다."라고 의미 있는 지적을 한다(p. 26). '애완동물로서의 신'이라니, 무슨 신성모독적인 망발인가?

리주토의 '애완동물로서의 신'은 영국의 대상관계이론가였던 도널드 위니캇(Donald W. Winnicott)의 '중간대상'(transitional object)에 대한 충분한 이해 없이는 오해를 사기에 십상이다. 소아과 의사였던 위니캇은 유아가 자기 자신과 구별된 첫 번째 '나-아닌'(not-me) 타인성을 발견하면서 불안한 가운데 자기(self)를 형성해 간다고 전제한다. 자기의 일부로 여겼던 엄마의 존재로부터 처음으로 '나-아닌' 타인성을 인식하는 그 순간부터 참을 수 없는 존재의 불안을 느낄 것이라고 본다. 이때 엄마의 존재를 대신하거나 또 다른 엄마로서 자신을 달래 줄 그 무엇인가를 만들어 내는데, 이것을 '중간대상'이라고 한다. 가장 대표적인 예로 엄지손가락이나 곰 인형을 들 수 있다(Winnicott, 1997, p. 18).

이러한 중간대상이 유아에게 작용하는 심리적 위치에 대한 위니캇의 연구가 대상관계이론을 종교적 영역과 연결시키는 중요한 포인트가 된다. 중간대상이 생겨나는 심리적 영역은 '중간영역'(transitional space)이라고 부른다. 이는 내면적인(inner) 영역이거나 외부적인(outer) 영역이라고 명확하게 구별할 수 없는 중간적인 성격이 있다는 것이다. 뚜렷한 어느 하나이기(either-or)보다는 둘다(both-and)를 내포하는 '제3의 영역'이라는 것이다. 이러한 제3의 영역은 바로 인간이 문화적 경험을 할 수 있는 영역이라고 주장한다. 인간이 클래식 음악을 들을 때나 아름다운 시를 읽으며 자신의 내면에 그려지는 이미지(표상)를 창조하는 바로 그 순간, 객관적인(외부적인) 경험과 주관적인(내면적인) 경험을 아우르는 제3의 영역에 있다고 보고, 종교적 경험 역시 이와 같은 영역에서 이루어진다고 본다. 즉, 외부적 하나님이 내 안에서 작용하는 하나님이 되는 과정은 뚜렷하게 '둘 중 어느 한' 영역이 아닌 내부적이면서 외부적인 영역을 동시에 아우르는 중간적인 영역에서의 인간 경험에 기초하게 마련이다. 그래서 유아들이 가지는 하나님에 대한 최초의 인간 경험은 바로 이 '중간대상' 경험과 깊은 연관이 있다는 것이다. 리주토의 연구를 비롯한 하나님 표상에 관한 연구들은 위니캇의 이러한 이론에 기초하고 있으며, 하나님의 표상은 바로 위니캇의 '중간대상'에 관한 문제가 된다. 그래서 그가 지적한 '애완동물로서의 신'이란 유아가 가지는 최초의 '나-아닌' 대상으로부터 비롯된 중간대상에 기초한 유아의 최초의 하나님 이미지를 말한다. 위니캇의 예를 쓴다면, '곰 인형-신'이라고 할 수 있겠다. 곰 인형-신은 개인의 외부적 하나님 경험과 내부적 경험의 다리를 놓는 역할을 한다.

중간대상을 만들어 내는 유아에게 그의 최초의 '나-아닌' 주위 환경이 그의 자기감(sense of self) 형성에 지대한 영향을 미친다는 것은 임상현장에서 '애완동물로서의 신'에 대하여 탐구하고자 하는 상담사들이 명심하여야 할 탐구영역이다. 이는 앞서 제시된 이혼상담의 임상사례에 나타난 여자 내담자가 경험했던 초기 돌봄 제공자, 특히 아버지와의 관계나 경험에 기초한 그녀의 유아기적 '곰 인형-신', 즉 최초의 하나님 이미지가 그녀의 삶 가운데 엄청난 힘으로 작용하는 무의식적 동력의 기초가 되었다는 것에서도 알 수 있다. 그녀의 작용적 신학, 즉 '폭군 같은 하나님 이미지'의 그 무서운 힘은 유아기 때 수없이 겪은 불안경험에서 비롯된 것이다. 작용적 신학에서의 그 하나님 이미지는 어린 시절 마음에 일어난 분리경험 또는 유기경험 등에서 비롯된 뿌리 깊은 감정적 상처와 맞물려 절대적인 성격을 가지게 된다.

조던(Jordan, 2011)은 작용적 신학에서의 이러한 하나님 이미지의 절대적 성격을 '심리적인 우상'이라고 부른다. 하나님 생각(신학)이 인간의 심리 세계 안에 고착(fixation)되어 절대적인 성격과 힘을 부여받는다는 것이다. 부정적인 경험이나 감정이 고착되면, 대상이 바뀌어도 그 최초의 대상과의 자동적인 연결 때문에 그 강제적인 힘이 지속된다. 아버지라는 대상과의 부정적 경험은 대상이 남편 또는 하나님으로 바뀌어도 똑같이 고착된 경험적 인식이 부여된다. 즉, 최초의 '공포의 폭군 아버지'는 폭군 같은 남편과 폭군 같은 하나님으로 그 고착된 대상관계(object relating)가 지속된다는 것이다. 이런 작용적 신학 안에 나타나는 우상으로서의 하나님 이미지는 임시적 성격이 아닌, 영원한 성격으로 점점 격상된다. 신앙고백적 신학(하나님 생각)으로는 은혜의 주를 고백하지만, 삶에 작용하는 작용적 신학으로는 오랜 기간 동안 바뀌지 않는 '곰 인형-신', 즉 최초의 하나님 이미지가 작용하는 잘못된 삶의 방향으로 우상을 숭배하며 살아가게 되는 것이다.

이 심리적 우상이 내담자에게 명하는 메시지가 이혼을 향한 독촉장이 된다. 즉, 여자 내담자가 마음속에 가지고 있던 무의식적 강박감(어머니가 당한 것처럼 '언젠가 남편에게 똑같이 당할 수 있어.' 또는 '하나님도 언젠가 나를 내칠 수도 있을 거야.' 등)은 삶에 반복적으로 작용할 뿐 아니라, 점점 반복에 대한 강박관념(repetition compulsion)까지 생겨나게 한다. '이혼만이 살 길'이라는 무의식의 목소리가 내담자에게는 그의 심리적 우상이 주는 기쁜 소식(복음)처럼 들렸을 것이다. 강박감과 극도의 불안경험으로부터의 유일한 탈출구가 이혼이라는 신념은 이혼을 향한 그녀의 행보에 가장 중요한 동인이 되었던 것이다.

기독(목회)상담 방법론에서 가장 중요한 것이 내담자의 삶을 구속하고 지배하는 하나님 생각(신학)의 배후에 있는 '궁극적인 권위'를 찾는 일이라고 할 때, 내담자의 신념체계는 바로 이 '궁극적인 권위'가 정의하는 명령체계다. 이혼상담 사례의 아내에게 이혼하라고 명령하는 그녀의 최초의 하나님 이미지가 바로 명령하달자다. 이렇게 한 개인의 삶이 하나님 이미지의 절대적인 성격에 의해 구속되어 가는 양상을 보이기 때문에 신학적으로 이러한 절대적 권위자는 머리로 신앙고백하는 하나님을 대신하여 내면세계 안에서 무의식을 관장하는 '우상'이 된다는 것이다.

5. 기독(목회)상담의 방법론적 정체성: 신들과 씨름하기

기독(목회)상담에서의 내담자의 종교적 신념은 여러 차원에서 발견된다. 나는 기독(목회)상담사의 상담을 지도감독하면서, 많은 기독(목회)상담사들이 삶의 여러 가지 뿌리 깊은 상처를 안고 있는 기독교인인 내담자를 상담하고 나서 다음과 같이 말하는 것을 종종 듣는다. "그래도, 이 내담자에게 다행인 것은 신앙이 아주 돈독하다는 것이에요." 내담자의 신앙고백적 하나님 생각을 지나치게 믿고 그 생각에 대한 전적인 동의나 확신만을 거듭 강조하는 기독(목회)상담사를 만나는 것은 어려운 일이 아니다. 앞의 사례에서 볼 수 있듯이 신앙고백적 차원의 '은혜의 주'라는 신념보다 훨씬 강력한 '폭군 같은 주'라는 표상이 내담자를 구속하고 있다면, "은혜의 주를 계속 믿고 의지하세요."라는 확신에 찬 상담사의 응원은 도리어 문제의 핵심을 외면한 채, 내담자의 엉뚱한 곳을 긁고 있는 셈이 된다. 즉, 모든 기독(목회)상담사는 신앙고백적 차원의 인지적 차원뿐 아니라, 무의식의 세계에서 작용하는 작용적 신학 차원의 신념도 있음을 잊지 말아야 한다. 또한 이러한 무의식적 차원의 신념은 단순히 인지적 차원에서뿐만 아니라, 정신분석학의 고착이나 대상관계의 관점에서 새롭게 조명되어야 한다. 기독(목회)상담사들이 관심을 가지고 살펴야 할 내담자의 신념체계는 다름 아닌 무의식적인 차원의 신념체계다. 내담자가 오랜 세월을 거치면서 하나의 단일한 종교적인 신념체계를 가지고 살고 있다는 생각은 옳지 않은 생각이다. 내담자가 가지는 최초의 하나님 이미지는 그가 배우고 고백하는 하나님 생각에 수용되기도 하지만, 전혀 다른 의미를 갖고 무의식의 기저에 둥지를 틀고 삶에 얼마나 강하게 작용하는지는 아무도 모를 일이다. 다시 말해, 단 하나의 내담자의 신이 상담에 등장한다고 믿는 것은 버려야 할 환상이다. 그래서 조던(Jordan, 2011)은 그의 책 제목처럼 기독(목회)상담사의 과제는 바로 '신들과 씨름하는 일'(taking on the gods)로 요약된다고 믿는다. 나는 기독(목회)상담의 방법론적 과제가 심리학의 무연탄지대에서 오랫동안 묵혀 있던 신학을 찾아내는 일이라고 믿는다. 심리학 속에 오래 묵은 신학(하나님 이미지)을 꺼내는 일, 즉 내담자의 작용적 신을 드러내고 내담자와 상담사가 함께 경험하는 참 하나님 앞에 무력화시키는 일은 기독(목회)상담사만이 할 수 있는, 정체성에 관련된 필수적인 과제다.

알버트 엘리스(Albert Ellis) 등의 학자들은 종교인들의 상담에 합리적 정서적 행동치료(Rational Emotive Behavior Therapy; REBT)가 자주 사용되는 이유는 다른 심리치료와는 달리 REBT가 '평가적 신념'(evaluative belief)에 초점을 맞추기 때문이라고 지적하고 있다(Walen, DiGiuseppe, & Dryden, 1992; Ellis, 1994). 즉, 내담자가 경험하는 감정이나 사고나 행위의 배후에는 바로 이 평가적 신념이 도사리고 있다는 것이다. 이 평가적 신념은 약간은 의식적이지만 대부분 무의식적인 경향을 가진 신념으로서, 바로 이 '절대적이고 견고한 평가적 신념이 자기 패배적 정서'를 일으킨다고 보는 것이다(Nielson et al., 2003, p. 118). 작용적 신학의 하나님 이미지, 즉 심리적 우상이 평가하고 명령하는 것이 이 평가적 신념의 기초가 된다. 합리적 정서요법 등이 가지고 있는 인지적 방법론을 이해할 때 평가적 신념의 역동성을 이해하는 것은 필수적 요소다. 다시 말해, 인지적 차원이라고 해서 내담자의 신앙고백적 혹은 교리적 신학에 귀속된 것으로 본다면 큰 잘못이다. 오히려 내담자의 평가적 신념이란 내담자의 작용적 신학에 관한 문제이며, "평가적 신념은 인간의 심리영역에 있는 내용들 중에서 가장 역동적인 것"이라는 점을 명심하여야 한다(Nielson et al., 2003, p. 118). 임상사례에 나타난 것처럼, 이혼만이 살 길이라는 내담자의 평가적 신념은 그녀의 오래된 대상관계와 관련 있는 역동적인 작용을 염두에 두지 않고는 이해할 수 없다.

이혼만이 살 길이라고 명령하는 하나님이라는 우상을 발견한 내담자는 그 우상 앞에서 극심한 공포감에 떨었던 수십 년 동안의 자신의 모습을 발견하면서 오랫동안 울었다. 이 우상을 어떻게 소멸시킬 것인가? 구약성서의 모세처럼 상담사가 힘껏 집어던져 깨 버릴 수 있다면 좋으련만. 놀랍게도 우상을 대면하여 한판 승부를 벌이는 것은 상담사도 내담자도 아닌, 하나님 자신이다. 내담자가 가지게 되는 변화에 대한 저항과 거부는 그의 삶에 작용하는 잘못된 우상에 침잠하는 경향을 나타낸다. 구약성서에서 출애굽하던 이스라엘 백성이 지치고 의심이 차올라 다시 차라리 애굽으로 돌아가겠다고 주저앉는 모습처럼 말이다. 상담을 통하여 상담사가 내담자의 가슴까지 내려가 하나님을 대면시키는 일만이 오랜 세월 동안 묵혀서 가슴에 품어 왔던 우상이 변화의 주이신 그 하나님 앞에서 스스로 세력을 잃도록 하는 길이다. 가슴이 저미는 공포로 다시금 떨고 있는 내담자에게 상담사가 물었다. 다시금 어린아이가 되어 폭력적인 아버지 앞에 떨고 있는 내담자에게 "당신 곁에 어떠한 하나님이 보이시나요?"라고 물은 것이다. 내담자는 공포 가운데 눈을 들어 처음으로 머리가 아닌, 가슴에서 나오는 신앙고백적 하나님을 발견한다. 내담자는 상담사에게 하나님이 자신을 보고 함께 흐느끼고 있다고 전했다. 그가 머리로만 알던 그 '은혜의 주' 하나님이 처음으로 그녀의 가슴에 둥지를 내리는 순간이었다.

오랫동안 흘리던 내담자의 눈물에는 가슴을 통해 새롭게 그녀의 삶에 성육신할 새로운 하나님의 이미지가 보이는 듯했다. 이 임상적인 성육신 사건에서 무엇보다 중요한 것은 다음 장에서 구체적으로 다루어 볼 내담자에 대한 상담사의 공감적인 이해다. 상담사는 내담자의 가슴속에 새롭게 들어선 은혜의 주 앞에서 오랫동안 그녀의 삶 속에서 마치 영원히 떠나지 않을 것 같은 심리적 우상이 세력을 잃어 가는 모습을 목격할 수 있었다. 기독(목회)상담은 임상현장에서 하나님이 많은 우상들과 대면하여 그가 사랑하시는 영혼을 구원하시는 일을 목격하는 은혜의 장이다.

6. 나가는 말

기독(목회)상담은 두 개의 독립적인 방법론을 창조적으로 사용하는 방법이 필요하다. 즉, 신학과 심리학이라는 방법론이 그것인데, 창조적 사용이 두 학문체계를 이원적으로 사용하거나 교차적으로 사용한다는 것과는 거리가 있다. 영어 알파벳 H에서 신학과 심리학을 두 축으로 보고 두 축 가운데서 잡고 있는 것을 기독(목회)상담에 비유한다면, 두 개의 방법론을 양쪽에서 똑같은 거리와 무게를 두고 함께 사용하는 제3의 방법을 생각해 볼 수 있다. 신학(하나님 생각)은 그저 하나님 생각이 아니라 심리학(마음의 역동) 기저에 있는 하나님 생각이요, 심리학은 그저 인간의 정적(靜的)인 마음 상태가 아니라, 하나님 생각과 궁극적 권위의 역동적인 작용

가운데 있는 인간의 변화 과정이다. 기독(목회)상담의 정체성은 심리학적이고 임상적인 상담만을 강조하거나 신학적이고 성경적인 상담만을 강조하는 것이 아니라, 그 변증법적이고 창조적인 방법론적 긴장을 가지고 인간의 심리 가운데 작용하는 하나님을 탐험하면서 내담자와 상담사 가운데 일하시는 하나님의 변화의 사역에 동참하는 것이다.

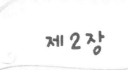

제 2 장

초기 상담, 어떻게 할 것인가
– 공감과 성육신

초기 상담, 어떻게 할 것인가
-공감과 성육신

한 사람의 이야기를 듣는 것은 결코 쉬운 일이 아니다. 타인의
이야기를 듣는 동안 자신의 생각을 진척시키는 이들의 경우도 있
고, 대화(dialogue)라는 이름으로 만나야 할 두 사람의 이야기가
내내 평행선을 달리다가 각자 딴 길로 접어드는 경우도 허다하다.
타인의 아픈 상처의 이야기를 들어야 하는 상담의 현장에서는 더
욱이 타인의 이야기를 어떻게 효과적으로 들을 것인가의 문제가
가장 중요한 임상적 출발점이 된다. 이러한 까닭에 상담이나 심리
치료의 이론들을 만들어 낸 많은 초기의 임상가들은 상담이 구성
되는 전제조건 혹은 필요충분조건으로 상담사가 내담자의 이야기
를 듣고 효과적으로 개입할 수 있는 공감(empathy)의 방법이 무엇

인가에 깊은 관심을 가져 왔다.

　이미 1940년대의 전통적인 정신분석 이론서에서 공감의 두 가지 행위적 요소들에 대한 언급을 발견할 수 있다. 즉, 공감은 ① 자신을 타인과 동일시하는 행위, ② 동일시 이후의 자신의 감정을 인식하면서 타인의 감정을 이해하게 되는 행위로 구성된다는 것이다(Fenichel, 1945, p. 511). 프로이트의 초창기 제자 중 하나인 비엔나 태생의 정신분석 이론가 테어도르 라이크(Theodor Reik, 1949)가 1940년대 말에 출간한 『제3의 귀로 듣기(Listening with the Third Ear)』에서도 공감적 이해의 필요성을 역설한다. 그는 "우리는 다른 사람의 무의식을 이해하기 위해서, 꼭 최소한 일정 기간 동안만이라도 우리 자신을 바꾸어 그 타인이 되도록 하여야만 한다. 우리는 우리가 모방할 수 있는 인간 심리의 부분만을 이해할 수 있다."라고 주장한다(p. 361). 바로 이듬해 프리다 프롬 라히만(Frieda Fromm-Reichmann, 1950)이 출간한 정신분석적 심리치료의 이론서에도 심리치료의 성공 여부가 정신과 의사와 환자 사이의 공감의 질(empathic quality)이 어느 정도로 진지하게 진행되었는지의 여부에 가장 많이 의존된다고 지적한다(p. 62).

　정신분석과 심리치료의 초기 이론가들은 대부분 공감 자체가 치료과정 전체에 주는 지대한 영향과 중요성을 언급하고 있는 것으로 보인다. 한편 공감의 모호성과 비정확성을 비판하면서, 공감을 가장 중요한 개념으로 여겨 심리치료의 중심에 두려는 시도를 반대하는 이론가들도 많다. 이는 기독(목회)상담의 장에도 그대로 통용되는 임상적 현실임에 틀림없다. 다시 말해, 정신분석이나 심리치료에서의 공감의 과정은 실행의 순서가 베일에 가린 듯이 모호하여 기독(목회)상담의 현장에 처음 입문하는 초보 임상가들에게도 추상적인 개념이 될 때가 적지 않다. 실지로 프롬 라히만(Fromm-Reichmann, 1950)과 같은 정신분석적 심리치료사들은 공감의 순간들이 어떠한 설명도 할 수 없는 신비한 과정이라고까지 말한다. 나는 기독(목회)상담사를 훈련하는 과정에서도 공감의 기술을 훈련하는 일이 자칫하면 그저 이론적 당위성만을 강조하거나 과정을 찬찬히 설명하지 않고 결과를 종용하는 이율배반적 태도로 변모하는 것을 발견한다. 미국식 표현대로 '내담자의 신발(입장) 안으로 들어갈 수 있는 능력'(ability to step into the client's shoes)을 공감의 방법으로 효과적으로 훈련시키기 위해서는 우선 공감을 그저 함께 느끼는 정서적 경험일 뿐 아니라 인지적이고 의지적 능력을 아우르는 통합적인 능력임을 강조하여야 한다. 공감이 특정한 사람들만 타고나는 능력(innate ability)이 아니라, 누구나 할 수 있는 능력이라고 정의한다면, 상담사들에게 이를 어떻게 임상적 능력으로 훈련시킬 수 있을까? 소위 초기 정신분석 이론가들이 주문하는, '내 자신을 바꾸어 짧은 순간만이라도 다른 사람이 되도록' 하는 기술을 과연 어떻게 습득할 것인가? 이는 그저 오랜 임상 경험 끝에 하늘에서 떨어지는 신비스러운 축복이라고 설명하거나, 아니면 거의 실천이 불가능한 신적인 능력이라고 말하는 지도감독자(supervisor)도 있다.

이번 장에서는 기독(목회)상담의 현장에서 공감을 훈련하는 과정에 대한 모형을 소개하고, 공감을 기독교적 성육신(成肉身)의 임상적 실천으로 상정하여 심리학적이고도 신학적인 의미와 그 암시점을 제시하고자 한다.

1. 공감에 대한 정신분석적 이해와 비판

정신분석에서는 공감의 능력에 항시 상대방의 무의식을 '해석'하는 과정을 동반한다. 우선 치료자가 내담자의 경험으로 침투하여 동일시하는 과정은 마치 무의식을 불러내는 자유연상과 같은 비구조화된 경험을 필요로 한다고 보고, 치료자와 내담자 사이의 무의식적 공감의 경험은 곧이어 치료자의 객관적인 해석을 통하여 임상적으로 사용된다. 심지어 '공감적 사고'(empathic thinking)를 마치 꿈을 해석하는 작업에서 발견되는 과정과 유사하게 보기도 한다(French & Fromm, 1964). 즉, 공감의 정신분석적 과정에서는 치료자와 내담자의 무의식 사이에서 발생하는 직관적인 '교감'이 과학적이고 개념적인 분석이 가능한 '해석'으로 연결되어야 한다는 점에서 말이다. 간단히 말하여, 공감의 정신분석적 능력이란 무의식적 교감과 객관적인 해석 사이를 마치 진자처럼 반복할 수 있는 능력을 의미한다고 할 수 있다.

이와 같이 공감에 대한 치료자의 해석 중심의 전통적인 공감 이해에 큰 변화를 가져온 이가 바로 하인츠 코헛(Heinz Kohut, 1923~1981)이다. 코헛은 정신분석 이론가 중에서 공감에 대하여 가장 큰 주안점을 둔 이로 꼽힌다. 코헛은 프로이트의 정신분석학, 대상관계 이론, 인본주의 심리학의 영향을 받아 그의 자기 심리학(self psychology)을 개발하였다. 그러나 대부분의 통찰들은 자기애적 인격 장애(Narcissistic Personality Disorder)를 가진 환자들에 대한 지속적인 연구로부터 비롯되었다. 코헛이 '공감'에 대해 새로운 임상적 시도를 했던 것은 자기애적 인격 장애를 가진 이에 대한 분석 중에 프로이트(Freud)의 전통적인 분석으로는 해결할 수 없는 막다른 골목에 봉착했기 때문이었다. 프로이트에게 '전이'(transference)는 정신분석적인 치료의 핵심이다. 다시 말해, 내담자가 유아기 시절 경험한 갈등의 경험을 분석가와의 관계에서 정서적으로 재체험함으로써 해소하는 것이 치료의 주요 과정이라는 것이다. 그러나 자기애적 장애를 가진 이는 자신의 위대함과 과대주의(grandiosity)에 사로잡혀 있어 거의 모든 사람들, 특히 분석가는 안중에 없기 때문에 분석가와의 정서적 교감을 나누는 것은 불가능하다. 이러한 환자들에게 전이의 과정을 통한 치료는 어렵다는 것이 전통적인 시각이었다.

1979년 코헛은 「Z씨의 두 분석」이라는 논문에서 자기애적 성격 병리에 대한 고전적인 치료접근과 자신의 새로운 임상경험을 나란히 제시하며 자기 심리학이라는 대안으로 방향을 돌렸다. 그는 '공감'과 '대리 통찰'(vicarious introspection)을 사용하면서, 전이를 '해석'하는 교의적인 정신분석학 범주의 시각보다는 환자 자신의 견해로부터 환자의 경험을 이해하려고 노력하였다. 그렇게 함으로써 로저스(Rogers)와 같이 코헛은 공감을 환자의 치료에서 가장 중심적이고 중요한 요소로 만들었던 것이다. 코헛은 이 방법을 사용하면서 자기애적 환자의 경험 그 자체에 대한 감수성(sensibility)을 개발하게 되었다. 그는 자기애로부터 단순한 퇴행이 아닌, 아이의 생명력과 확장성을 보고, 치료자가 환자의 욕구를 일부러 좌절시키지 않아도 시간이 지나면서 자연스럽게 적절한 시기에 자기애적 전능감과 이상화가 좌절될 수 있는 것으로 이해하였다. 결국 공감과 대리통찰적인 방법론을 가지고 자기애적 환자에게 퇴행적인 자기애가 아니라, 지극히 '정상적인' 자기애가 발달한다는 이론을 수립하기에 이른다(Mitchell & Black, 2000, pp. 275-277). 이는 또한 공감의 방법에 대한 보다 보편적인 임상적 사용에 대한 선포라고 볼 수 있다.

코헛(Kohut, 1971)에게 공감은 단순한 직관(intuition)과는 구별된다. 그는 직관은 진행 속도가 빠르다는 점에서만 다를 뿐이며 이성적인 판단 행위나 사고반응과 흡사한 것이라고 보면서, 이를 새로운 관찰의 형태인 '대리 통찰'과는 구별하였다. 그는 공감적 지각(empathic perception)의 잠재력이 이미 유아기 시절에 취득된다고 믿었다. 자기의 발달은 대상의 발달과 함께 이루어진다. 아동에게 어머니와 분리되지 못한 첫 번째 단계에서 자기와 대상이란 서로 다른 존재가 아니다. 이 시기에 유아의 전능 환상은 모든 것을 가능케 하는 자기 이미지와 모든 것을 제공할 수 있는 대상 이미지 양쪽을 포함하는 '자기대상'(selfobject)의 경험을 가능하게 한다. 공감적 능력은 유아기 시절 부모와의 융합된 경험에 대한 두려움 때문에 자기(self) 형성에 위험이 초래되는 상황에서 만들어진다. 예를 들어, 한 자기애적인 부모 아래에서 자란 아이의 미성숙한 심리기제는 그 부모의 심리적 구조에 과도하게 조율되는 경험을 가진다. 이러한 예민한 심리기제가 후에 타인의 심리적 과정을 지각하는 남다른 능력을 습득하도록 한다는 것이다(pp. 277-278). 이와 같이 코헛의 이론에서는 심리치료사나 상담사를 훈련하는 과정에서 공감 능력의 기원을 아주 먼 유아기로 거슬러 가게 만든다.

코헛은 치료자(상담사)와 환자(내담자) 사이에서 발생하는 정신역동의 과정도 결국 유아기 경험을 기초로 진행하였다. 코헛은 자기애적 장애의 빛에서 유아기의 초기 경험을 재해석하고자 하였다. 그는 궁극적으로 건강한 자기에 도달하기 위해서 세 가지 종류의 특별한 자기대상의 경험을 가능하게 하는 환경이 필요하다고 보았다. 즉, ① 아이의 위대성과 과대적인 마음 상태를 지지해 주는 자기대상 경험, ② 아이가 존경할 수 있고 절대적이며 완벽하고 전능하다고 느낄 수 있는 강력한 타인과의 대상 경험, ③ 아이들과 본질적으로 같다는 느낌을 주는 자기대상의 경험이 그것이다. 이러한 자기대상 경험을 통한 건강한 자기를 만들기 위해 코헛은 내담자의 깨지기 쉬운 자기애적 자아를 지지해 주는 공감의 방법을 사용했던 것이다. 이때 가장 중요한 것은 치료자와 내담자 사이에서 발생하는 새로운 전이의 과정이다. 그리고 코헛은 이것이 느리고 점진적이지만 매우 강력하고 오래 지속되는 효과들을 가진다고 보았다. 코헛은 자기애적 환자와의 최초의 연구로부터 거의 모든 치료 과정에서 나타나는 여러 종류의 전이 이론을 개발했다. 즉, ① 거울(mirrioring) 전이, ② 이상화(idealizing) 전이, ③ 자아 변형 전이(alter ego) 또는 쌍둥이(twinship) 전이 등이다. 환자는 경우마다 초기 발달관계에서 충족하지 못했던 본질적인 심리적인 욕구(3가지 자기대상 경험)들을 다시 충족하게 되는 방법으로, 치료적 관계 안에서 초기 대상관계를 다시 경험하게 된다는 것이다.

이러한 정신분석적인 공감의 이해에 대한 평가는 양극적으로 나누어져 왔다. 먼저 첫 번째 평가로는 치료의 과정에서 공감이 긍정적인 역할을 수행하는 데는 동의하지만, 공감은 완성이 거의 불가능할 정도로 흔치 않은 경험이거나 매우 믿을 수 없는 모호한 현상이라고 보는 견해를 들 수 있다. 뿐만 아니라 치료자의 역전이(countertransference) 때문에 늘 오류의 위험성을 담지하고 있다고 보기도 한다. 특히 테어도어 샤피로(Theodore Shapiro, 1974, 1981)와 같은 고전적인 정신분석 이론가들은 공감을 마치 과학으로서의 정신분석을 파괴할 수 있는 물활론(animism)의 형태로 보면서 그 개념의 모호성과 비신뢰성에 대해 비판하였다.

물론 이와 상반된 견해로는 공감의 과정을 지극히 일반적이고 보편적인 인간 소통의 과정으로 인식하고 이러한 공감이 바로 치료의 핵심이라고 보는 견해가 있다. 아놀드 골드버그(Arnold Goldberg, 1983)는 인간의 인식과정 방식을 직접적이고 공적이며 외향적인 관찰(extraception)과 내향적이고 사적인 내적 통찰 (introspection)의 두 가지로 구별하면서, "내적 통찰과 자신을 타인의 자리에 놓는 것의 통합적 방식이 바로 공감"이라고 지적한다 (p. 156). 이에 타인을 이해하는 보편적인 방식인 공감의 방법은 정신분석에서도 가장 기초적이고도 필수적인 위치를 차지하게 되었던 것이다.

한편 공감의 중요성에 대하여 강조한 정신분석학 문헌 가운데서도 공감의 방법론에 대한 설명의 일관성을 찾기란 쉽지 않다. 예를 들어, 스티븐 레비(Steven Levy, 1985)나 한스 뢰발트(Hans W. Loewald, 1980) 등의 학자들은 코헛의 문헌에 공감에 대한 너무나 다양하고 상이한 의미들이 공존한다고 비판하면서, 치료자의 해석과 함께 중요한 치료의 요소로 전제되는 전이(거울전이, 이상화 전이, 쌍둥이 전이 등)의 상호적인 성취 과정에 의심의 눈초리를 보낸다. 예를 들어, 코헛의 임상적 이해의 틀에서 치료자는 자신의 해석적인 기능을 수행하는 동시에 환자에게 하나의 새로운 잠재적인 대상이 되므로, 이에 고전적인 정신분석 이론가들은 오히려 공감을 '하나의 관찰의 방식'으로만 이해한 코헛의 초기의 정의를 선호한다(Lichtenberg, 1984, pp. 129-136). 결국 고전적인 이론가들은 치료자가 단순히 관찰자가 아니라, 환자(내담자)에 대하여 공감적으로 응답하는 대상으로서 공존한다는 것을 이해하지 못한다. 그리하여 치료자가 내담자와의 '상호적인 경험'을 통하여 진행되는 공감의 과정은 결코 어떠한 심리적인 기능도 수행할 수 없다고 비판한다. 예를 들어, 골드버그(Goldberg, 1978)가 정의하는 공감에 대한 이해, 즉 "환자의 필요와 분석자의 반응을 한데 묶어 느끼는 적절한 감정"(the proper feeling for and fitting together of the patient's needs and the analyst's response)에서 볼 수 있듯이 공감은 지극히 모호한 개념으로 전락한다(p. 8). 또한 댄 뷰이 (Dan Buie, 1981)는 공감의 정확성과 범위에서의 한계점을 세 가지로 지적한다. 첫 번째, 환자(내담자)가 그들의 심리상태에 대한 행위적 표현을 왜곡하거나 제한할 수 있다는 점이다. 두 번째, 이를 공감하려는 치료자의 마음 가운데 생기는 이해가 부적절할 수 있다는 점을 지적한다. 세 번째, 추론적 과정이 근본적으로 불확실할 수밖에 없다는 것이다(p. 305). 이러한 비판들은 코헛과 같은 정신분석이론가들뿐만 아니라 오늘날 상담 및 심리치료에 종사하는 임상가들에게도 여전히 유효한 도전이 되리라고 본다.

이에 나는 다음과 같은 임상적인 질문들을 던져 본다. 정신분석적인 이해를 바탕으로 진행되는 기독(목회)상담의 현장에서는 과연 공감을 어떻게 이해할 수 있을까? 기독(목회)상담사에게 공감은 어떻게 훈련될 수 있을까? 그리고 정신분석적 해석 작업에 대한 훈련이 부족한 상담사에게 공감적 이해를 가능케 하는 방법은 무엇인가? 그리고 자기애적 장애나 기타 인격장애를 가지고 있지 않은 일반적인 내담자를 상담할 때 공감의 방법을 어떻게 진행할 것인가? 나는 위의 질문들을 바탕으로 공감의 상호적 정의, 즉 '내담자의 필요와 상담사의 응답을 한데 묶어 느끼는 적절한 감정'을 다루는 과정을 신학적으로 구성하여 보려고 한다.

2. 초기 상담부터 시작되는 공감: 내담자에 대한 감정적 이해

미국에서 자주 발표하는 통계에 따르면, 여러 다인종 내담자들을 조사한 결과 늘 동양계 내담자들이 가장 많이 초기 상담에서 상담을 조기에 종결하거나 중도하차한다고 한다. 그 이유가 무엇일까? 수치심을 많이 느끼는 동양인들에게는 아무래도 정신건강 전문가를 찾아가는 상담문화가 익숙지 않아서라는 통념적인 해석(Lee, 1997, p. 467)에 나는 전적으로 동의하지 않는다. 통계적으로 전문적인 상담을 찾는 비율이 높지 않은 동양인들일수록 상담사를 찾아온 이들의 상담에 대한 기대와 의존도는 오히려 서구의 내담자들보다 훨씬 높다고 볼 수 있다. 큰맘 먹고 온 것이다. 이들은 아주 짧은 몇 회기 동안에 자신이 기대한 상담의 효과가 드러나지 않으면 상담 자체에 대한 부정적인 총평을 쉽게 하면서 상담사를 떠나가는 것이다. 이러한 견지에서 본다면, 우리 한국인들과 같은 동양인들에게는 상담의 초기 회기가 상담의 성패를 좌우한다고 볼 수 있다. 나는 한국인들의 초기 상담에서 흔히 진행되는 상담사의 정보 수집 과정은 결코 내담자의 초기 경험을 의미 있게 구성하지 못하리라고 본다. 그렇다면 과연 초기 상담에서 가장 중요한 상호적인 경험은 무엇일까?

정신과 의사 폴 투르니에(Paul Tournier, 1998)는 『귀를 밝으시는 하나님(A Listening Ear)』이라는 책에서 환자들을 검사하고 적절한 진단을 내리는 의사들은 달의 한쪽 면만 보는 것같이 자신이 볼 수 있도록 준비된 것만 볼 수 있다고 지적한다(p. 36). 이비인후과 의사들은 귀나 코만 보고, 안과 의사들은 눈만 본다. 즉, 한 인간 전체와 자기 자신을 보는 일은 요원한 일일 수 있다는 것이다. 투르니에는 한 친구의 책을 인용하면서 환자에게 어떻게 더 깊숙이 도달할 수 있는가의 문제에서 중요한 것은 환자와 의사 사이에서 일어나는 진정한 '만남'이라고 주장한다. 이를 하나의 '느낌'(feeling)이요, '소통'(communion)이라고 한다(p. 39). 또한 이러한 만남은 하나님이 임재하시는 영적인 경험이라고 설명한다. 나는 이러한 만남이 기독(목회)상담에서, 특별히 초기 상담에서 어떻게 임상적으로 가능한지에 대하여 깊은 관심을 갖고 있다.

무엇보다 의사는 처음으로 환자를 만나는 초기 진찰에서 어떤 관점을 가지는가에 따라 상호적인 '느낌'과 '소통'을 나눌 수 있다. '어디가' 아픈가 보다 '얼마나' 아픈가를 더 우선하는 관점이 그것이다. 자신이 보려는 달의 한쪽 면은 내가 알고자 하는 전문 영역일 수 있지만, 그것이 환자의 진정한 아픔의 전부는 결코 아니다. 눈이 아파서 안과 의사를 찾아왔고, 그래서 의사가 아픈 눈에만 관심을 갖는 것은 전문적인 행위일 수는 있어도, 진정한 '느낌'이 있는 '교제'가 되기는 어렵다는 말이다. 아픈 눈과는 만날 수 있을지 몰라도, 눈이 아파서 볼 수 없고 볼 수 없는 고통에 가슴이 더욱 답답하고 함께 고생하는 가족 때문에 더더욱 아픈 한 인간은 만날 수 없다. "그래, 눈이 아프셔서 얼마나 힘드신가요?"라는 질문이 환자가 가진 아픔의 전체적인 느낌을 이해하려는 의사와 환자가 인격적으로 만날 수 있게 해 준다는 말이다.

초기 상담에서 가장 중요한 것은 상담사가 내담자를 '감정적으로' 이해하는 일이다. 이는 말처럼 쉽지 않다. 거의 모든 상담사에게 찾아드는 첫 번째 유혹은 '어떻게 나의 내담자의 문제를 빠른 시간 내에 이해할 수 있을까?'라는 관심과 함께 정보 수집에 집중하게 만드는 조급성이다. 이러한 상담사들의 일반적인 편견은 초기 상담, 즉 상담 첫날만큼은 조금 지루하더라도 정보를 상세하게 묻고 수집하는 일에 많은 시간을 소비하여도 괜찮다는 생각이다. 나는 이것이 한국인들과 같은 동양인들이 초기 상담에서 상담을 중도하차하게 만드는 지름길이라고 본다. 다른 문화권보다 수치심을 쉽게 느끼고 체면이 중요한 한국문화에서 알지도 못하는 전문 상담사를 찾아가 도움을 구한다는 것은, 게다가 남에게 한 번도 제대로 하지 못한 이야기들을 한다는 것은 엄청나게 많은 감정적 에너지를 소진하는 일이다. 이러한 초기 상담에서 내담자가 상담사에게 감정적으로 이해받고 있다는 느낌을 받지 않는다면 상담은 초기 실패가 될 가능성이 매우 농후하다는 말이다. 공감의 과정을 '내담자의 필요와 상담사의 응답을 한데 묶어 느끼는 적절한 감정'을 다루는 과정이라고 본다면, 내담자를 감정적으로 이해하는 과정은 공감의 첫 번째 단계가 된다.

3. 공감에 대한 신학: 성육신의 임상적 이해

공감이라는 단어의 원어적인 의미는 empatheia로 '안으로(부터) 고통받는다'(suffering in/into)의 뜻이다. 주로 동정심을 나타내는 영어 단어 sympathy와 비교하여 볼 때, 공감은 '함께'(sym-) 보다 '안으로'(em-)를 강조하는 차이점이 있다. 주로 사용하는 예를 들어 설명하자면, 한 사람이 길을 가다가 웅덩이에 빠졌을 때 지나가던 다른 사람이 애타는 마음을 '함께'(sym-) 느끼고 그 사람을 건져 올리기 위하여 손을 내밀어 구하려고 하는 마음을 '동정심'(同情心; sympathy)이라고 한다면, 길을 가던 사람이 아예 웅덩이 '안으로'(into) 내려가, 그 바닥 '안쪽으로부터'(in) 웅덩이에 빠진 이를 밀어 올리는, 보다 적극적인 감정이입의 마음을 공감(共感; empathy)이라고 볼 수 있다는 것이다.

나는 기독(목회)상담 현장에서의 '공감'의 자세가 기독교 신학의 정수인 성육신 신학을 압축적으로 드러내는 태도라고 본다. 기독교 역사에서 많은 신학자들은 '하나님이 왜 육체를 취하여 인간이 되셨는가?' 라는 질문의 근본적인 의미를 추구하는 일에 매진

하여 왔다. 중세 스콜라주의 철학의 아버지로 불리는 캔터베리대주교 출신 성 안셀름(1033~1109)은 하나님의 성육신을 철저하게 이성으로만 분석, 설명하려고 시도하였다. 안셀름(2001)은 책의 서두에서 비합리적인 신앙을 경계하며 다음과 같이 탄식한다. "만일 우리가 기독교 신앙의 깊이를 이성으로써 설명하려고 감행하기도 전에 먼저 믿어 버리고 나서, 우리가 믿는 것을 이해하려고 노력하지도 않는 무관심이 발생한다면 도대체 무엇이 올바른 순서란 말인가?"(p. 12). 이에 안셀름은 인간의 죄와 타락으로 상처 입으신 하나님을 집중적으로 조명하고, 인간은 그 상처와 불명예를 회복할 능력이 결여되어 있으므로 논리적으로 하나님의 성육신이 필요하다고 주장한다. 즉, 하나님의 명예를 손상시킨 죄에 대한 속죄는 정의와 희생의 결합으로만 가능하므로 하나님의 인간되심은 필연적이며 인간 예수의 고난과 죽음은 정당하다는 것이다. 이것은 신이 성육신하게 되는 논리적 설명으로는 그럴듯해 보인다. 그러나 하나님과 인간의 관계가 너무 채무 중심적이다. 인간이 빚을 청산할 수 없어 파산 신고하니, 결국 신이 대신 갚아 주는 격이라는 것이다. 그러나 이러한 논리는 삶을 삼키고 만다. 성육신은 논리와 이성에 의거한 교리의 성곽 안으로 매몰되고, 우리의 삶과 고난과 죽음을 함께 나눈 한 인간으로서의 예수의 공감적인 모습은 빛을 잃고 만다. 인간이 지은 죄의 빚을 갚아 주러 오신 하나님이 아니라, 인간의 자리까지 내려와 '안으로부터 고통받으며'(suffering in) 사신 공감자로서의 인간 예수의 모습이 성육신

신학에서 흐릿하여지는 것이 못내 아쉽기만 하다. 기독(목회)상담을 성찰하고 연구하는 목회신학(pastoral theology)은 기본적인 신학적 이해의 비판적인 발전을 위하여 상담과 목회적인 돌봄의 경험들을 컨텍스트로 사용하여 신학적인 성찰을 진행한다. 예를 들어, 기독(목회)상담에서의 공감적인 이해 과정은 '성육신'이라는 기독교의 교리적인 이해를 보다 구체적이고 실천적인 방안으로 이해하는 목회신학적인 성찰을 가능하게 한다.

나는 기독(목회)상담 중에 상처받은 타인을 상담하는 임상적 행위에서 성육신한 인간 예수의 모습을 발견한다. 특히 한 인간을 이해하는 초기 작업은 그리스도가 인간의 몸을 입고 인간의 자리에까지 내려와 인간의 고통을 안으로부터 함께 느끼는 성육신적인 과정과 같다. 나는 기독(목회)상담을 처음 배우려는 학생들에게, 그리고 임상의 현장에서 처음 만난 내담자를 '감정적으로' 이해하기 원하는 상담사들에게 성육신의 태도를 주문한다. 바로 상담사가 어떻게 내담자의 몸을 입느냐의 문제인 것이다. 타인을 이해한다는 것은 타인의 맨 밑자리에 서는 것(under-stand)과 같다. 인간이 되신 하나님이 인간의 가장 밑바닥인 고통의 자리, 죽음의 자리에 선 것은 진정한 이해(under-standing)의 전형을 보여 준 것이다.

보통 '공감적 이해'라고 하면 사람에 따라 다른 타고난 심성의 측면을 생각하기 쉽다. 남의 아픔과 고통에 함께 쉽게 마음이 움직이는 눈물 많은 심성 말이다. 그러나 이번 장에서 논하려는 것은 이러한 심성적 공감(affective empathy)에 대한 것이 아니다. 상담사에게 '공감 능력'(ability to empathize)이 가능한 이유는 공감적 이해가 심성적 측면을 넘어서 훈련과 실습을 통하여 습득할 수 있는 실천지(實踐知)의 측면이 있기 때문이다. 이번 장에서는 기독(목회)상담의 초기 과정에서 내담자의 '밑바닥에 함께 설 수 있는'(under-stand) 혹은 내담자의 가슴 안으로 들어가 '안으로부터 함께 고통을 나눌 수 있는'(suffering in) 상호적 과정으로서의 공감적 이해(mutual empathy)에 대한 실천적 모형을 소개하고자 한다.

4. 공감적 이해와 구별되어야 할 것: 자기노출, 일반화, 자의적 독심법

내담자의 정서적 경험을 공유하려는 상담사에게는 여러 가지 유형의 공감적 시도들이 있을 수 있다. 내담자의 감정을 함께 느끼고 공유하려는 공감적 시도가 기독(목회)상담의 입장에서 볼 때, 모두 자동적으로 함께 느끼는 일(sym-pathy)을 넘어서 안으로(부터) 느끼는 일(em-pathy)로 진행되지는 않는다. 안으로부터 고통을 나누는 성육신의 경험은 내담자의 몸을 입고 그 밑바닥에 함께 서는 경험이기에, 당연히 감정의 단순한 공유와는 차원이 다를 수밖에 없다.

첫 번째, 공감적 이해와 구별되어야 하는 임상적 공감의 유형은 자기노출(self-revelation)이다. 보통 사람들은 타인의 고통을 이해하고 공감을 표시하기 위하여 자신도 비슷한 경험을 공유하고 있음을 타인에게 확인시키고픈 의도를 가지고 있다. 그러나 이러한 자기노출은 웬만큼 주의를 기울이지 않고는 함께 느끼고 있다는 느낌을 줄 수 있을지는 몰라도 안으로(부터) 느끼는 경험으로까지 상담을 이끌어 주지는 못한다. 예를 들어 보자. 부부관계에서 갈등과 우울증을 경험하고 있는 50대의 여자 내담자가 비슷한 또래의 여자 상담사를 찾아왔다.

상1: 언제부터 우울 증세를 갖게 되었나요?

내1: 글쎄요. 제가 자라난 가족적인 환경이 확연하게 달라서인지 모르지만, 신혼 초부터 남편과 크고 작은 이유로 다툼이 많았지요. 그렇지만 주로 내가 먼저 나서서 풀면서 살아왔던 것 같아요. 그런데 지난해 갑자기 제가 위암 선고를 받고 수술을 받으면서 갑작스럽게 제 자신이 잘못 살았다는 생각이 들더라구요. 왜 우리 나이에 오는 공허함 같은 것 있잖아요. 정말 딱 죽고 싶더라구요.

상2: 중년기 초에 느끼는 우울증 말씀이지요?

내2: 네. 예전에는 몰랐었는데요. 갑자기 몰려오는 거예요.

상3: 그럼요. 대부분 **우리 나이의 우울증**이 그렇게 갑자기 오는 경향이 있어요.

내3: 맞아요. 왜 아이들 다 키우고 남편은 바빠서 얼굴 보기 힘든데다가, 이제 내 몸까지 아프다면……(갑자기 목소리가 울컥해짐)

상4: 그럼요. 그 마음 잘 이해할 수 있어요. 특히 몸까지 아프다면 말도 못하게 서럽지요. **저도 아주 비슷한 경험**이 있어요.

내4: 비슷한 경험이요?

상5: 아니요. 사실 저도 지난해 위장에 큰 수술을 한 적이 있어서 그 마음을 잘 이해한다는 거예요. 괜히 모든 게 싫어지고 가족마저 귀찮아지고……. 그런 맘이었죠?

내5: 네. 그런데 상담사님은 그래도 이전에 남편과의 관계가 좋으셨을 것 아녜요.

상6: 무슨 말씀이세요.

내6: 남편과의 관계가 좋은 사람이면 자신이 아프고 병이 나면 남편과 주위에서 더 잘해 줄 것 아녜요? 그렇지 않나요?

상7: 글쎄요. 꼭 그렇지만은 않지요. 우리 나이에 몸이 한 번 크게 아프고 나면 만사가 그냥 귀찮아지는 것은 당연한 것 같아요.

내7: (고개를 갸우뚱하면서) 그래도 남편이 어느 정도는 도움이 되셨을 것 아닌가요?

상8: 글쎄요. 물론 남편이 전혀 도움이 안 된다고 할 수는 없겠지만, 그래도 나이와 처지 때문에 오는 그 두려움은 누구도 어쩔 수 없지 않을까요? 그래서 저는 그 마음을 충분히 이해한다는 거예요.

내8: 그럼, 상담사님은 남편이 어느 정도 도움을 주셨어도, 병난 후에 자신의 처지에 대하여 어느 정도는 저처럼 힘드셨다는 말이네요. 그런가요?

상9: 그럼요.

중년기 위기를 경험하는 이 50대의 내담자는 누구나의 문제가 아닌 '자신만의' 문제를 가지고 상담사를 찾아왔다. 그녀는 원래 부부간의 갈등을 가지고 있는 데다가 자녀들은 성장하여 이제 엄마를 더 이상 필요로 하지 않으며 자신이 갑자기 큰 병에 걸리는, 엎친 데 덮친 격의 위기상황을 경험하면서 감당치 못할 만한 우울증으로 빠져들고 있었다. 내담자는 죽고 싶은 심정이라고 토로한다(내1). 그러나 상담사는 내담자의 죽고 싶은 '가슴'의 자리에 내려가지 못했다. 상담사는 내담자의 위기 경험에 대하여 듣는 순간, 공감을 표시할 만한 중년의 위기 경험을 자신이 공유하고 있음을 깨닫고 있었다. 자연스럽게 자신도 알 만하다고 공감을 표시한 것이다(상3, 상4). '우리 나이의 우울증'에 대하여 '저도 비슷한 경험'이 있다고 하면서 상담사는 자신을 노출하기 시작한다. 그러나 이러한 중년의 위기감에 더해 특별히 내담자가 최근에 경험하고 있는 건강상의 큰 위기를 회상하는 대목에서 내담자는 그만 목이 메고 만다(내3). 그러나 상담사는 여전히 그 내담자의 자리에 함께 서지 못한다. 상담사는 그 내담자가 울컥해지는 그 바닥 자리에까지 내려가기보다는 자신이 엇비슷하게 치른 자신의 병치레를 떠올리면서 내담자에게 공감을 표시하는 일에 우선순위를 둔다. "사실 저도 지난해 위장에 큰 수술을 한 적이 있어서 그 마음을 잘 이해한다는 거예요." (상5)

상담사가 공감을 표시하기 위한 접근, 즉 내담자의 문제가 같은 또래의 중년여성들에게 올 수 있는 보편적인 문제이고 극복할 수 있는 일반적인 문제라는 확신을 심어 주기 위하여 자기노출을 시도하는 순간 상담의 방향은 상담사가 의도하지 않은 방향으로 진행된다. "비슷한 경험이요?"(내4) 상담사는 우연하게도(아니면, 상담사가 감사하게 느꼈을지도 모를) 내담자와 매우 흡사한 건강상의 위기를 경험하였던 것이다. 그러나 내담자는 상담사의 경험에 자신을 대입시키기 위하여 상담사가 자기노출한 경험들에 대한 상세 설명을 요구한다. 상담사가 공감을 표시하기 위하여 제시한 자기노출은 내담자로 하여금 더욱 구체성과 정확성을 요청하게 하였다. 내담자는 상담사가 자신과 똑같은 부위(위)에 병이 난 사실에 공감을 느끼기보다는 자신을 더욱 힘들게 만든다고 믿는 남편과의 관계에 대한 자신의 궁금증을 풀기 위하여 상담사의 경험에 집중적으로 초점을 맞추게 된다(내5, 내6, 내7). 눈 깜짝할 사이에 상담의 방향은 내담자의 경험보다는 상담사의 경험으로 이동하고 있다. 상담사는 의도하지 않았지만 결과적으로 내담자의 문제를 떠나 자신의 경험을 지속적으로 노출해야만 했다. 결국 상담을 마친 후 내담자는 자신의 문제에 공감하기 위하여 노출된 상담사의 경험과 자신의 경험 사이에 공유된 공통분모를 기억하기보다는, 궁극적으로 자신과는 다른 경험을 할 수밖에 없는 상담사의 자기노출을 통하여 상담사의 경험과 자신의 문제를 오히려 분리시키는 '이탈'의 경험을 한다. 때로는 상담사가 자신의 문제를 떠난 듯한 느낌을 갖기도 하고, 상담사가 자신과 함께 있었지만 자신의 문제를 상담사와 별개의 문제로 느끼게끔 하는 상담사에 대한 '부재'

의 느낌을 갖기도 한다. 이와 같이 공감을 위한 자기노출이 이탈감을 주거나, 분리감을 줄 수 있는 가능성이 있다면 분명히 재고해야 한다.

내담자의 극단적인 위기의식과 부담감을 경감할 수 있다고 판단될 때는 상담사가 최소한의 자기노출을 시도하려고 할 수도 있을 것이다. 그러나 이러한 자기노출이 더 이상 지속적인 심화과정에 빠지지 않도록 속히 내담자의 문제로 되돌아갈 수 있는 임상적인 노력이 절실하다. 앞서 언급한 경우를 다시 보자.

상5: 아니요. 사실 저도 지난해 위장에 큰 수술을 한 적이 있어서 그 마음을 잘 이해한다는 거예요. 괜히 모든 게 싫어지고 가족마저 귀찮아지고…… 그런 맘이었죠?

내5: 네. 그런데 상담사님은 그래도 이전에 남편과의 관계가 좋으셨을 것 아녜요.

상담사는 자신도 최근에 위장 수술을 받았다는 사실이 똑같은 건강의 위기를 겪고 있는 내담자에게 노출되었을 때 상호적 공감과 이해에 도움이 될 것이라고 판단하고 있다. 그러나 내담자의 반응은 자연스럽게 상담사의 문제에 대한 자세한 추궁으로 연결되고 있다. 내담자가 상담사와 남편의 관계에 대하여 궁금해진 것은 그녀가 가지고 있는 정서적 경험을 반영하는 것이다. 여기서 상담사는 자신의 문제를 언급하는 방향으로 더 이상 상담을 진행시키지 않고, 내담자의 감정으로 되돌리는 순발력이 필요하다. 예를 들어, 자신과 남편과의 관계를 설명하려고 하기보다는 내담자로 하여금 그러한 질문을 묻도록 만드는 감정을 헤아리는 것이 중요하다. "그런 질문을 하시는 것을 보니, 본인의 병보다 남편과의 관계가 우울증에 영향을 훨씬 더 미치는 것으로 느끼시는 것 같은데요." 때때로 아예 내담자가 상담사의 노출을 일방적으로 요구하는 경우도 있다. 상담사는 어떻게 생각하냐고, 아니면 비슷한 일이 없었냐고 묻는 경우다. "혹시 상담사님은 저와 같은 경험이 없으셨나요?" 그럴 때마다 상담사 자신의 생각이나 삶을 노출하기보다는 그러한 질문을 하는 내담자의 정서적 경험에 대하여 헤아리는 것이 공감적 이해에 보다 큰 보탬이 된다. "저는 어떠한 연유에서 제게 그러한 질문을 하시는지 궁금한데요. 혹시 자신만이 이러한 경험을 홀로 하고 있다는 위기감이나 고립감을 느끼시지는 않으신지…… 어떠세요?"

사실 여느 상담사라도 내담자의 경험과 매우 흡사한 경험을 한 경우에는 자기노출에 대한 당위성을 매우 쉽사리 느끼게 된다. 앞서 제시된 대화에서처럼 상담사가 내담자의 육체적 질병과 유사한 질병을 앓고 치유된 경우, 그러한 자신의 경험을 소개하고 공유하는 일이 내담자와 공감하는 과정에 필수적인 것으로 인식하는 것은 지극히 당연해 보인다. 그러나 이때도 나는 자기노출이 내담자와 공감을 불러일으키면서 내담자의 문제에 집중하기보다는, 오히려 상담사의 경험으로 빠져드는 오류를 가져올 수 있다는 점을 지적하고 싶다. 위에 제시된 사례에서도 상담사가 자신과 흡사한 건강의 어려움을 겪었다는 사실이 쉽사리 내담자가 자신의 문제와 동일시하고 그 문제에 함께 공감하는 상호 경험으로 연결되지는 않는다는 것을 잘 보여 주고 있다. 오히려 상담사가 노출한 경험을 명확히 파악하기 위한 질문들을 쏟아 낸다(내6, 내7, 내8). 이와 같이 자칫 잘못하면 내담자가 상담사의 자기노출에 보다 큰 관심을 가지고 상담의 방향이 급선회하는 부작용을 낳기 십상이다.

나는 상담사를 교육하는 과정에서 그래도 자기노출을 제한적으로 할 필요가 있다고 느끼는 상담사들을 간혹 만난다. 그들은 내담자와 너무나 흡사한 경험을 한 경우라면 적절한 자기노출을 하지 않고 어떻게 그냥 지나칠 수 있느냐고 반문한다. 나는 그러한 유혹이 있을 때면 자기노출이 아닌 자기감정 표명(self-definition of emotion)을 하라고 힘주어 말한다. 예를 들어, 자신이 아주 흡사한 경험을 한 경우에 자신의 경험을 바탕으로 그 경험 중에 느꼈던 감정에 대하여 정의를 내리고 그것을 내담자에게 표현하는 것이다. 나도 비슷한 수술을 했다고 자기를 노출하는 대신 자신의 경험을 통하여 당시 느꼈던 감정을 스스로 표명하는 데 사용하는 것이다. "자각 증상도 없다가 갑자기 위암선고를 받으셨다니 얼마나 놀라셨겠어요. 제가 보기에는 수술이 잘 끝났다 하여도 후유증이 있어서 우울증상은 한동안 지속되셨을 법한데요. 그래, 얼마나 힘드셨어요?" 이와 같이 내담자에 대하여 느끼는 감정을 상담사 자신이 진단하고 정의하는 과정은 내담자의 내밀한 감정을 조율해 가는

데 아주 중요한 역할을 한다. 이 점은 나중에 더 자세히 설명하기로 한다.

두 번째, 공감의 탈을 쓴 잘못된 임상적 접근은 일반화(generalization)다. 대부분의 상담사는 내담자의 문제를 일반화시키는 태도가 상담의 과정에서 결코 바람직하지 않다고 인식하고는 있으나, 이러한 일반화는 분명히 아주 쉽게 범하는 실수 중의 하나다. 내담자가 자신만이 세상 짐을 모두 지고 가는 양 힘들어하는 경우에 상담사가 그 문제를 어느 정도 일반화시켜 그 짐을 경감하려는 의지를 갖는 것이 이에 속한다. 아래의 예를 보자.

상1: 그러니까 감정표현에 가장 어려움을 느꼈던 때가 언제인가요?

내1: 글쎄요. 워낙 어렸을 때부터라서…….

상2: 구체적으로 말해 주실 수 있겠어요?

내2: 나도 모르게 어렸을 때부터 감정을 드러내기 전에 깊이 생각하는 버릇을 가지게 된 것 같아요. 물론 부모님에게 감정표현이 힘들었던 것도 부모님이 걱정하시면 어떻게 하나에 대한 지속적인 자기반성의 결과인 것 같고요. 특히 외아들이었으니…….이해가 되시나요?

상3: 외아들에 대한 **한국문화의 영향**도 크겠지요. 아들 선호 사상에다가 하나뿐인 아들일 경우에 외부로부터 받는 부담감이란 굉장한 것이지요. 그래도 아마도 그 정도면 착한 외아들인 경우인데요. 대부분의 외아들은 막무가내로 부모 눈치 안 보는 경우가 더 많잖아요. 안 그래요?

내3: 그래요. 저는 착한 아들 콤플렉스에 빠져 있었던 것 같아요.

상4: 아마도 경환 씨의 **성격타입**과도 상관있지요. MBTI가 ISTJ
이잖아요. 내향적인 데다가 지나치게 사고 중심의 성격이다
보면 타인과의 관계에서도 자연스러운 감정표현이 쉽지만은
않지요. 그래서 그런 감정상의 어려움을 겪으신 것으로 이해
가 되요.

내4: 네……. 성격은 좀처럼 바꿀 수 없다던데……. 그래서인지 과
거의 기억을 되짚어 보는 일이 그저 무의미하게만 느껴지는
것 같아요.

상5: 아녜요. 원래 ISTJ는 정확성을 기하는 노력형 인간이니까 과
거를 그저 회피하는 것은 자신의 자원을 우습게 생각하는 거
예요.

내5: 저의 자원이요?

상6: 그럼요. ISTJ가 한 번 마음먹으면 꾸준하게 완성하는 태도가
있다니까요. 이런 경우 시도하기가 어렵지 한 번 시작하면 계
획대로 진척시키기 마련이지요. 그러니 경환 씨도 상담을 통
한 처음의 시도가 어려울 뿐예요.

내6: (고개를 갸우뚱하면서) 저는 왜 전혀 남의 이야기처럼 들리
지요?

상7: 보통 ISTJ가 발동이 늦게 걸린다니까요.

위의 사례에서의 상담사는 감정표현의 어려움을 토로하는 내담자를 상담하는 과정에서 그 어려움의 기원에 대하여 탐구하고 있다. 내담자가 외아들로서 겪은 감정표현의 문제를 언급하자마자(내2), 상담사는 이를 문화적인 이유에서 찾고자 시도한다(상3). 상담사는 한국에서 외아들로 겪은 정서적인 삶을 다분히 일반화하여 소개한다. 상담사가 일반화시키는 외아들의 범주에 드는 내담자의 문제는 다분히 '여러 외아들들의 문제'로 희석된다. 더구나 내담자의 상태를 설명하기 위하여 상담에서 간혹 제시되는 심리검사의 결과는 일반화로 치닫기 십상이다(상4). "그래서 그런 감정상의 어려움을 겪으신 것으로 이해가 되요." 그러나 내담자는 일반화된 자신의 성격유형에 따라 긍정적으로 고무되기보다는 이질감을 느낀다(내4). 상담사가 내담자의 긍정적인 자원으로 제시하기 위하여 일반화시킨 성격유형은 내담자가 오히려 자신의 문제와 괴리감을 느끼도록 하는 결과를 초래한 것이다. "저는 왜 전혀 남의 이야기처럼 들리지요?"

상담사가 내담자를 스스로 이해시키며 내담자의 긍정적인 자원을 일깨우기 위하여 일반화시킨 성격유형은 한마디로 내담자의 문제가 통계적으로 볼 때 모두가 이해할 만한 것이고, 그에 따른 해결도 얼마든지 가능하다고 보는 강력한 처방처럼 보인다. 하지만 이 처방을 받아들일 수 있는 내담자는 사실 많지 않다. 왜냐하면 이러한 일반화된 상담적인 개입은 늘 임시방편일 때가 많기 때문이다. 자신의 심리검사를 통하여 해석된 자신의 모습을 처음으로 소개받은 내담자는 고개를 끄덕이면서 긍정하는 부분도 많겠지만, 무엇인가 조금 부족한 느낌이 든다. 내담자가 원하는 공감은 보편적인 통계나 심리측정이 주는 간접적인 이해가 아니라, 자신 앞에 있는 상담사와 함께 이루어가는 '상호 경험적'인 이해다. 많은 경우 내담자는 일반화가 마치 자신의 상처를 살짝 덮어두고, 이제 괜찮다고 등을 떠미는 행위로 느낀다. 상처는 아물지 않고 반창고로 가리어져 오히려 좀 더 곪아 갈지도 모른다.

이러한 일반화보다는 풀어 다시 이야기하는 것(paraphrasing)이 임상적으로 더욱 의미가 있다. 앞서 제시된 사례에서 상담사가 일반화보다는 내담자의 감정을 풀어 다시 말한 경우의 예를 보자.

상1: 그러니까 감정표현에 가장 어려움을 느꼈던 때가 언제인가요?

내1: 글쎄요. 워낙 어렸을 때부터라서…….

상2: 어렸을 때부터라면……. 조금 더 구체적으로 말해 주실 수 있겠어요?

내2: 나도 모르게 어렸을 때부터 감정을 드러내기 전에 깊이 생각하는 버릇을 가지게 된 것 같아요. 물론 부모님에게 감정표현이 힘들었던 것도 부모님이 걱정하시면 어떻게 하나에 대한 지속적인 자기반성의 결과인 것 같아요. 특히 외아들이었으니……. 이해가 되시나요?

상3: 아……. 무엇보다 본인이 외아들이어서 그렇게 감정표현에 어려움이 있으셨던 거군요.

내3: 그런 것 같아요. 내가 외아들이 아니었다면 지금의 내가 아니었지 않았을 까 생각해 보아요. 게다가 그냥 외아들이 아니라 제가 4대 독자라는 사실이지요.

상4: 아니, 외아들에다가 4대 독자이셨군요. 그럼, 부담감이 더더욱 가중되었겠군요.

내4: 사실 부담감이라는 표현보다는 중압감······. 아니 저는 그저 로봇처럼 살았다고 이야기하고 싶을 정도예요.

내담자가 외아들이었던 연유에서 비롯된 자신의 문제를 피력하였을 때, 이를 문화적으로 혹은 성격적으로 다루려고 했던 일반화의 경우 내담자는 좀처럼 자신의 내밀한 감정을 공유하기가 어려웠다. 그러나 상담사가 내담자의 개인적인 문제에서 빗나가지 않고 풀어 말하기를 전개한 경우, 내담자는 자신의 내적인 감정을 보다 자연스럽게 드러내면서 상담사의 공감적 경청에 응하고 있는 모습을 볼 수 있다.

세 번째, 공감과는 구별되어야 할 임상적 태도가 있다면, 그것은 **자의적 독심법**(mind-raping)이다. 자의적 독심법이란 상대방의 감정이나 생각을 확인하기도 전에 무의식적으로 상담사 자신이 자의적으로 짐작하고 반응하는 행위를 말한다. 예를 들어 보자.

내1: 그럼요. 남도 아니고 믿었던 동생한테 무시당하는 기분은 아무도 모를 거예요.

상1: 그런데 왜 갑자기 동생이 그렇게 행동한다고 생각이 드세요?

내2: 내 동생은 나를 이해하고 아파하고 그럴 줄 알았거든요. 그걸 생각하면 마음이 슬퍼져요. 내 동생이 왜 그렇게 행동했을까요?

상2: 글쎄요. 내가 동생이 아니어서 100%는 그 마음을 모르지만, 동생은 수정 씨가 생각하는 것같이 언니에 대하여 그렇게 예민하게 생각하지는 않을 것 같아요. 무엇보다 이제는 동생이 수정 씨를 전부 이해해 주길 기대하지 말았으면 해요. 기대가 크면 실망도 크다는 말이 있잖아요. 기대가 커서 실망도 큰 거예요. 동생이 왜 그런 말을 하는지, 왜 섭섭하게 대하는지 한 번 생각해 보고 동생의 입장에서 이해해 봤으면 해요.

내3: 어떻게요?

상3: 수정 씨는 그 가정의 맏딸이자 제일 큰 언니잖아요. 아마 제 생각으로는 그 동생이 언니에 대한 실망과 연민을 갖고 있는 게 아닌가 싶어요.

내4: 좀 더 쉽게 말씀해 주세요.

상4: 그러니까 이렇게 생각해 볼 수도 있다고 생각해요. 큰 언니가 큰 언니로서 역할을 제대로 해야 되는데 이렇게 이혼도 하고 경제력도 없이 동생한테 용돈이나 얻어 쓰고 엄마에게 걱정을 끼치고 있으니 거기서 큰 언니에 대한 실망, 연민, 짜증 뭐 이런 게 아닌가 생각이 드네요. 제가 너무 비약해서 말씀드렸나요?

내5: 맞아요. 상담사님 말씀이 맞는 것 같아요.

　상담사는 늘 자신 앞에 있는 내담자의 깊은 속을 내려다보는 일에 몰두한다. 그리고 때때로 내담자와 여러 인간관계에 놓인 주위의 제3자들이 가진 문제에도 관심을 갖고 상담하게 된다. 물론 이러한 제3자들은 상담사가 전혀 만나 본 적도 없는 타자이고, 막후에 있는 인물이다. 이러한 연유에서 어떤 이들은 상담사들을 마치 미지의 세계를 탐험하는 사람이나 유적지의 유물을 캐내는 고고학자에 비유하기도 한다. 피하고 싶어도 내담자와의 공감을 위해서는 이러한 일들을 은연중에 강요받는 것이 상담사의 임상적인 현실이다. "내 동생이 왜 그렇게 행동했을까요?"

　위의 사례에서 상담사는 자의적인 독심법을 유감없이 발휘한다 (상2). 만나지도 않은 내담자의 동생의 마음을 자의적으로 파악하고 내담자에게 보고한다. 심지어 동생의 입장에서 생각하라고 지시하면서, 마치 동생의 편에서 내담자를 훈계하는 듯한 구도가 만들어진다. 그러나 어떠한 경우라도 제3자에 대한 독심술은 상담에 아무런 도움이 되지 않는다. 동생을 만나고 상담하기 전에는 어떠한 임상적 평가도 내릴 수 없다는 것이다. 말하는 즉시, 동생과 상담사가 연대하는 삼각관계가 형성되기 마련이다. 나는 지도감독 중에 내담자가 관계하는 제3자의 마음을 자칫 잘못 대변하였다가 내담자의 저항을 겪는 상담사를 쉽게 만난다. 위의 사례에서처럼 내담자 스스로 제3자의 상태를 물어보는 경우에도 내담자 자신에게로 돌아가려는 임상적 노력이 필요하다. 예를 든다면, 다음과 같다.

> 내2: 내 동생은 나를 이해하고 아파하고 그럴 줄 알았거든요. 그
> 걸 생각하면 마음이 슬퍼져요. 내 동생이 왜 그렇게 행동했
> 을까요?
> 상2: 그렇게 물으시는 것을 보니, 동생의 반응에 무척이나 당황하
> 고 배신감까지 느끼신 것 같은데요. 어떠세요?

상담사가 아무리 내담자나 주변 인물에 대한 심리파악을 확실하게 확신할 수 있는 상황이라고 하더라도 이는 상담지도감독(super-vision)에서나 개진할 수 있는 것이다. 상담사가 상담과정 중에 할 수 있는 것은 내담자의 감정에 대한 상담사 자신의 감정표명이다. 그러고 나서 진행되어야 하는 임상적 과정이 바로 재구성(re-framing)이다. 즉, 상담사인 나는 이렇게 느껴지는데, 내담자 당신의 상황의 틀에서는 어떠한지를 되묻는 과정이다. 자의적 독심법은 상담사 자신이 내담자의 시나리오를 쓰는 것이고, 재구성이란 내담자에 대한 상담사의 감정을 스스로가 정의내리고 내담자의 의견을 물어 조율하는 과정인 셈이다. 위의 사례에서처럼 상담사의 생각을 개진하는 것이 아니라(상4: "그러니까 이렇게 생각해 볼 수도 있다고 생각해요."), 상담사의 느낌을 느끼고 표명하고 조율하는 것이 중요하다. 상담사의 감정표명과 내담자의 입장에서 재구성하려는 임상적 노력은 다음과 같이 진행될 수 있을 것이다.

상4: 제가 느끼기에는요. 본인이 큰 언니로서 역할을 제대로 하지
못하고 이렇게 이혼도 하고 경제력도 없이 동생한테 용돈을
얻어 쓰고 엄마에게 걱정을 끼치고 있으니 얼마나 마음이 아
프시겠어요. 그런데 동생까지 자신을 무시하는 듯한 태도를
보시고 벼랑 끝에 서 계신 느낌이 드는데요. 어떠세요?

내5: 벼랑 끝에 선 기분……. 정말 그래요. 사실 죽고 싶은 심정이
든 적도 한두 번이 아니에요.

자의적 독심법을 사용한 심리분석은 때로는 내담자의 동의를
얻어 낼 수도 있을 것이다. 위의 사례에서도 내담자는 상담사의
독심 내용의 개연성을 인정하는 듯하지만, 결코 상호 간의 공감적
인 경험을 하지는 못한다. 상담사가 제시하는 감정의 자기표명 이
후에 내담자의 틀에서 재구성하는 과정은 상호적인 공감에서 가
장 중요한 요소다.

5. 공감적 이해의 세 단계

이제 공감적 이해의 구체적인 과정에 대하여 살펴보자. 먼저 상
담에서의 공감적 이해를 설명하기 위하여 나는 하나의 비유를 사
용하고자 한다. 그것은 엘리베이터의 비유다. 상담에서 상담사와
내담자는 각자의 엘리베이터를 타고 있다. 엘리베이터는 지상층

과 지하층을 운행한다. 엘리베이터는 인간의 몸으로 따지자면 '머리'(인지적 사고)와 관련된 상담에서 지상층을 운행하고, '가슴'(무의식적 욕구나 감정적인 차원)으로 내려가는 순간 그 엘리베이터는 지하층을 운행한다. 상담사가 명심해야 할 엘리베이터의 원칙은 상담 중에 내담자와 같은 층의 엘리베이터를 타야 한다는 것이다. 특히나 내담자가 지하층으로 엘리베이터를 운행할 때 상담사가 지상층으로 엘리베이터를 운행하는 경우, 상담은 어려워진다. 문제는 내담자가 지하층으로 운행하는 빈도가 극히 제한적이라는 사실이다. 내담자가 아주 짧은 시간에 지하층으로 내려갔다가 금세 올라오는 경우, 상담사가 얼마나 민첩하게 지하층으로 함께 내려갈 수 있느냐에 따라 공감의 성패가 좌우된다. 상담사가 지하층에 내려가 있는 내담자의 '가슴'을 느끼지 못하고 '머리'에 머물러 있는 경우, 상담사는 지하층에서 내담자를 만나지 못할 뿐만 아니라, 오히려 지하층에 있는 내담자의 엘리베이터를 지상으로 끌어올리게 만들기도 한다. 앞서 소개한 자기노출이나 일반화는 상담사가 내담자의 지하층에 함께 뛰어들지 못하고, 저 높이 지상층으로 이동하는 인지적 반응을 만들어 내기 십상이다. 이에 상담사에게는 내담자가 지하로 내려가려고 하는 순간을 놓치지 않고 반응하는 임상적 민감성이 필요하다. 주로 지상에 있던 내담자는 지하층으로 내려가려고 하는 순간에 자신의 감정을 표현하는 단어들을 사용한다. 이때 지하층으로 함께 내려가려는 상담사의 반응이 공감의 필수적 요소가 된다. 앞에서 소개한 공감에 실패한 사례를 다시 살펴보자.

상1: 언제부터 우울 증세를 갖게 되었나요?

내1: 글쎄요. 제가 자라난 가족적인 환경이 확연하게 달라서인지 모르지만, 신혼 초부터 남편과 크고 작은 이유로 다툼이 많았지요. 그렇지만 주로 내가 먼저 나서서 풀면서 살아왔던 것 같아요. 그런데 지난해 갑자기 제가 위암 선고를 받고 수술을 받으면서 갑작스럽게 제 자신이 잘못 살았다는 생각이 들더라구요. 왜 우리 나이에 오는 **공허함** 같은 것 있잖아요. 정말 **딱 죽고 싶더라구요.** [지하층으로]

상2: 네, 중년기 초에 느끼는 우울증 말씀이지요? [지상층으로]

내2: 네, 예전에는 몰랐었는데요. 갑자기 몰려오는 것 있죠? [다시 지상층]

상3: 그럼요. 대부분 우리 나이의 우울증이 그렇게 갑자기 오는 경향이 있어요. [지상층]

내3: 맞아요. 왜 아이들 다 키우고 남편은 바빠서 얼굴 보기 힘든 데다가, 이제 내 몸까지 아프다면…….**(갑자기 목소리가 울컥해짐)** [다시 지하층으로]

상4: 그럼요, 그 마음 잘 **이해할 수 있어요.** 특히 몸까지 아프다면 말도 못하게 서럽지요. 저도 아주 비슷한 경험이 있어요. [지상층]

내4: 비슷한 경험이요? [다시 지상층으로]

내담자는 남편과의 갈등과 건강이 악화되었던 최근의 사실(fact)과 자신의 삶에 대한 비관적인 생각(thought)에 대하여 말하면서 자신의 감정(feeling)을 드러낸다. '공허함'이나 '죽고 싶은 심정'이 그것이다(내1). 엘리베이터의 비유로 설명하자면, 이때 내담자는 상담사에게 자신의 엘리베이터가 지상 1층에서 지하층으로 가려고 하는 길목에 있다는 신호를 보내는 듯하다. 상담사는 이때 지하층에 함께 내려가야 순식간에 개봉된 내담자의 '가슴' 층에 합류할 수 있다. 그러나 그러지 못한 상담사는 공감적 반응을 못한 채 '머리' 층에 머무르고 만다. 사례에서 살펴보면, 상담사가 중년기 우울증에 대해 일반적이고 인지적인 언급을 함으로써 내담자의 엘리베이터도 다시 지상으로 상승한다(상2). 내담자의 '죽고 싶은 심정'은 지하층에서 상담사에 의해 전혀 다루어지지 않은 채, 내담자 역시 지상으로 올라와 중년기 우울증에 대한 일반적인 언급으로 대꾸한다(내2). 상담사는 '우리 나이의 우울증'에 대하여 언급하면서 지상층에서 인지적 설명을 지속한다. 그러나 내담자는 일반적인 중년기 우울증과는 달라 보이는 자신만의 처지를 언급하다가 다시금 지하층으로 하강을 시도한다. 다시 말해, 상담사는 갑자기 내담자의 목소리가 울컥해지는 비언어적 표현을 내담자가 자신도 모르는 사이 지하층으로 덜컥 내려앉은 징후로 느껴야 한다(내3). 이때 상담사가 지하층으로 함께 하강하려면 갑자기 달라진 내담자의 목소리와 감정적인 변화에 대한 '자기표명'(self-definition)이 있어야 한다. "갑자기 목소리가 울컥해지셨는데, 제가 느끼기에는 중년기 우울증 이상의 아픔을 가지고 계신 듯하네요." 그래야 내담자가 살짝 문을 열고 있는 엘리베이터의 지하층으로 함께 내려가 내담자의 '가슴'과 만날 수 있는 것이다. 아쉽게도 사례의 상담사는 지하층에 내려가 있는 내담자를 느끼지 못하고, 우울증과 건강상의 문제가 겹쳐 있는 일반적인 상황에 대해 자신이 인지적으로 이해하는 것을 설명함으로써(상4: "그럼요, 그 마음 잘 이해할 수 있어요."), 여전히 지상층에 머물러 있는 실수를 범하고 있다. 게다가 자기노출까지 감행하면서 내담자를 다시금 지상층으로 끌어올린다(상4, 내4).

그렇다면 내담자의 지하층에 함께 뛰어들 수 있는 공감을 어떻게 만들어 갈 것인가? 이에 대하여 3단계로 나누어 설명하고자 한다. 첫 번째 단계는 지상에서 지하로 내려가려는 내담자의 감정을 상담사 자신이 느끼는 것이다. 무엇보다도 감수성과 훈련이 필요한 가장 중요한 단계다. 이 단계에서는 내담자가 자신의 감정을 언어적으로 표현하는 경우도 있지만, 갑자기 눈물이 맺힌다든지 목소리가 울컥해지는 등의 비언어적 표현을 사용하기도 한다. 이러한 내담자에 대한 적극적인 경청과 참여적 관찰을 위해서 상담사는 성육신적인 노력을 기울여야 한다. 즉, 상담사 자신이 내담자의 밑바닥에서 그의 아픔을 안으로(부터) 느끼는 것(suffering in)이다.

두 번째 단계는 상담사가 느끼는 내담자에 대한 감정을 스스로 정의 내리고 내담자에게 제시하는 감정의 자기표명(self-definition of emotion)의 단계다. 나는 기독교의 성육신이 이 두 번째 단계에 대한 좋은 원형을 제공한다고 믿는다. 나는 기독교에서 예수의 십자가 죽음이 기독교인들에게 기쁜 소식, 즉 복음(福音)이 되는 이유는 그가 부활하였기 때문만은 아니라고 믿는다. 십자가에서의 죽음은 오히려 하나님의 아들인 예수에게 하나의 형식에 불과할 수도 있었다. 예를 들어, 그의 몸이 여느 인간과는 달리 아픔을 느끼지 못하도록 되어 있고, 십자가에서 내려와 보라고 놀려대는 로마 병사들이나 유대 민중들 앞에서 보란 듯이 십자가를 툭툭 털어 버리고 승천했다면, 그는 인간의 고난과는 상관없는 구세주이었을 수도 있다. 그가 모든 고통받는 인간에게 기쁨의 구세주가 되는 이유는 그가 가장 비천한 이의 고난과 가장 수치스러운 죽음을 있는 그대로 느끼고 경험하였기 때문이다. 다시 살아난 예수의 손에는 못자국이 선명했고 옆구리에는 병사에게 찔린 창자국이 남아 있었다고 성서는 증언하고 있다(요한복음 20:25-27). 다시 살아난 예수가 이제는 고통과 상관없이 마치 마술처럼 온전하여진 모습으로 재창조된 것이 아니라, 인간의 상처를 그대로 안고 돌아온 것이다. 다시 살아나 하늘로 돌아가기 전까지도 그는 인간의 고난과 상처를 안으로부터 느끼고 있었다.

십자가에서의 예수의 죽음은 인간의 고통에 대한 하나님의 상처받은 마음을 자기표명하기 위한 것이다. 한 인간으로서 인간의 고통을 느끼고 죽어 가는 일, 이는 참으로 쉽지 않다고 예수는 십자가에서 고백한다. 하늘의 성부 아버지에게 성자 예수가 절규하는 장면이 그것이다. "아버지여, 아버지여, 어찌하여 나를 버리시나

이까?" 성부 하나님의 자리는 하늘이 아니다. 그 역시 성자 예수의 십자가에서 함께 죽어 가고 있다. 예수의 십자가에서의 죽음은 하나님의 상처받은 마음에 대한 자기표명(self-definition of God's wounded heart)이다. 우주에 있는 그 어떤 힘도 조물주를 상처 입게 만들 수 없으나, 희생자의 고통은 기독교의 신의 마음을 상하게 한다. 나는 십자가가 모든 인류를 죄로부터 구원하기 위한 희생의 제사로 이해되기보다는, 한(恨) 많은 인간의 고난에 신이 온전히 참여하시고 그들에게 자신의 마음을 표명하신 것으로 이해되어야 한다고 본다. 즉, 예수의 죽음은 무죄한 희생자의 고난의 본보기로서, 무고한 역사적 죽음 속에서 우리는 예수의 죽음이 갖는 동반자 의식을 느낄 수 있다. 그래서 일찍이 종교개혁자 루터도 "하나님은 우리를 고난과 죽음 속에서 만나 주신다."라고 지적했는지도 모른다.

이는 기독(목회)상담사에게도 절실한 기쁜 소식이다. 십자가는 하나님과 인간 사이에 주선되는 만남의 자리다. 좀 더 구체적으로 말한다면, 인간이 가지는 한(恨)이라는 상흔은 하나님과 인류 사이의 조우점(meeting place)이 된다. 이것은 곧 정신적인 상처를 치유하는 상담의 장(場)이 기독(목회)상담사에게 내담자, 상담사 그리고 하나님이 만나는 장(場)이 되는 이유다. 이는 다음 장에서 더욱 구체적으로 다룰 것이다.

'하나님이 왜 인간이 되셨는가'라는 지극히 신학적인 문제는 기독(목회)상담의 경험을 토대로 이제 목회신학적으로 재성찰된다.

상담 현장에서 '하나님이 왜 인간이 되셨는가'의 문제는 하나님의 고뇌, 하나님의 한(恨)과 관련하여 볼 수 있다. 신학자 박승호 (1998)는 『상처받은 하나님의 마음(The Wounded Heart of God)』 이라는 책을 영문으로 출판하여 미국의 많은 신학자들로부터 주목을 받았다. 이 책에서 그는 서구의 전통신학이 힘을 가진 지배자가 지은 죄를 용서하는 것에 관련된 주제에 주로 관심을 두었지만 정작 그 죄에 희생된 이들이 가진 한(恨)의 문제를 도외시하였다고 주장하면서, 죄와 한의 문제를 함께 보지 않으면 기독교 하나님의 진정한 십자가를 이해하지 못한다고 주장한다. 비슷한 이유로 나는 교리적 신학에서 주장하는 것처럼, 하나님이 인간의 죄의 빚을 청산하기 위하여 인간이 될 수밖에 없었다는 논리적 설명은 마치 인간의 '머리'로 하나님의 '가슴'을 설명하려는 억측이라고 생각한다. 하나님의 엘리베이터는 지하층에 있는데, 인간의 엘리베이터는 지상 20층에서 이성과 논리의 잣대로 하나님을 재단하고 있는 것이다. 하나님의 상처받은 마음과 가슴을 지하층에서 만나지 않으면 '하나님이 왜 인간이 되셨을까'에 대한 인간의 삶, 고통, 죽음과 연관된 상관적인(correlational) 설명을 할 수 없다. 상담의 현장에서 내담자를 이해한다는 것도 하나님이 우리를 이해(understand)하기 위해 우리의 고통의 가장 밑자락까지 내려오신 사건인 성육신을 다시금 체현하는 것이다. 상담사의 임상현장은 결국 하나님의 한(恨)을 상담사가 함께 느끼고 표명하는 장소가 된다.

세 번째 단계는 안으로부터 느끼고 상담사 스스로가 내담자에 대한 마음을 정의 내리고 표명하는 절차 직후에 이루어지는 단계로, 내담자에게 되물어 재구성(re-framing)하는 단계다. 이는 상담사 자신이 내담자에게 느끼는 감정과 내담자의 감정 사이를 조율하는 것을 말한다. 이때 내담자는 자신이 지하층에서 살짝 열고 있던 엘리베이터의 문을 상담사에게 활짝 열고, 보다 내밀한 감정의 공유를 허락하게 된다. 위의 사례에서 다시금 공감의 과정을 단계별로 살펴본다면 다음과 같다.

(1) 1단계: 상담사가 안으로부터 느끼는 내담자의 아픔/감정

내3: 맞아요. 왜 아이들 다 키우고 남편은 바빠서 얼굴 보기 힘든 데다가, 이제 내 몸까지 아프다면…….(갑자기 목소리가 울컥해짐) [지하층] ⇒ 1단계

(2) 2단계: 상담사에 의한 감정의 자기표명

상4: 갑자기 목소리가 울컥해지셨는데, 제가 느끼기에는 그저 중년기 우울증 이상의 서러움과 아픔을 가지고 계신 듯한데요. 마치 마음속 그득한 눈물을 억지로 참고 계신 듯한 느낌이 드네요. [지하층] ⇒ 2단계

(3) 3단계: 내담자를 통한 재구성

어떠세요? (제 말 어떻게 들으셨어요? 실지로는 어떠신지 말

씀해 주시겠어요?) ⇒ **3단계**

내4: …… (눈물을 흘리며) 사실 저는 요즘 왜 사는지 모를 정도로
　　허무감만 느껴지네요. 정말 하늘이 꺼지는 듯한 암담한 마음
　　마저 들어요. (흐르는 눈물을 닦는다.) [지하층]

공감의 세 단계가 진행되는 동안 내담자는 자신의 엘리베이터에 함께 뛰어든 상담사를 가슴에서 만나는 경험을 한다. 상담사는 내담자의 울컥해진 목소리를 통하여 내담자의 가장 밑바닥으로부터 그가 느낀 서러움과 아픔을 느낀다(1단계). 그러나 이것이 단순히 자신의 느낌으로만 끝나면 내담자의 엘리베이터 지하층에 뛰어들 수 없다. 감정을 언어로 정의하고 내담자에게 표현하는 감정의 자기표명의 절차가 공감에서 매우 중요한 포인트가 된다(2단계). 상담사는 이 순간이 내담자의 지하층에 있는 엘리베이터에 뛰어드는 시점이라고 보면 된다. 상담사가 재구성을 통하여 내담자의 틀에서 다시금 재경험을 요청할 때, 비로소 내담자는 지하층에 있는 엘리베이터의 문을 열고 상담사와 자신의 내밀한 감정을 나누는 공감을 만들어 가는 것이다(3단계).

앞서 소개한 실패한 공감의 사례를 통하여 세 단계의 공감적 이해의 과정을 어떻게 적용할 수 있는지 살펴본다.

내1: 그럼요. 남도 아니고 믿었던 동생한테 **무시당하는 기분**은 아
　　무도 모를 거예요.

상1: 무시당한 기분이라고 하셨는데……. 그것도 남이 아닌 믿었던 동생에게서요.(1단계: 안으로부터 느끼는 내담자의 아픔) 그 아픔은 그 누구에게도 알릴 수 없는, 하지만 절박한 상처인 것처럼 느껴지는데요. (2단계: 감정의 자기 표명) 어떠세요? (3단계: 재구성)

내2: 아무에게도 알릴 수 없는 느낌이라고요. ……(침묵 후 눈에 눈물이 고이며) 정말 누구에게도 말할 수 없는 처절한 어두움이에요. 당해 보지 않고는 이 마음을 알지 못할 거예요.

상2: 지금 눈물이 맺히셨는데요. (1단계: 안으로부터 느끼는 내담자의 아픔) 제게는 그 눈물이 수정 씨의 외롭고 처절한 마음을 가장 잘 보여 주는 것 같네요. (2단계: 감정의 자기 표명) 그 눈물이 수정 씨에게 무엇을 느끼게 하는지 말씀해 주실 수 있을까요? (3단계: 재구성)

내3: (계속 눈물을 흘린다) 저는 이제 누구 앞에서 울지도 못하겠더라구요. 창피하잖아요. 네가 잘한 게 뭐 있다고 질질 짜냐고 할 것 같고……. 그래서 울지도 못해요. 엄마나 동생에게는 더더욱…….

상3: 아무에게도 말할 수 없는 처절한 마음에 이제는 울지도 못한다고 하셨는데……. (1단계: 안으로부터 느끼는 내담자의 아픔) 동생에 대한 내밀한 감정 때문이 아니라 오히려 자신에 대한 수치스러움이 자신의 마음을 더더욱 누구에게도 말할 수도 없고 울지도 못하게 만드는 것 같아 더욱 아프게 느껴지

는 데요. (2단계: 감정의 자기 표명) 제 말 어떻게 들으셨어요? (3단계: 재구성)

내4: 제 자신에 대한 수치스러운 마음, 맞아요. 예전에는 안 그랬는데, 이혼 이후에 생긴 모든 마음의 병은 내가 내 자신을 용서할 수 없는 수치심에서 비롯된 것 같아요.

상담사는 내담자가 언급한 '무시당하는 기분'이라는 감정표현을 그냥 지나치지 않는다. 그런데 공감의 세 단계에서 첫 번째 단계는 내담자가 표현한 감정 자체에 문자적으로 매달리는 것을 의미하지 않는다. 여기서 상담사는 '무시당하는 기분'을 느끼는 내담자의 아픔을 안으로부터 느끼고자 시도한다. '무시당하는 기분'은 아직 내담자 자신의 '안으로부터 느끼는' 내밀한 구체적 감정이 아니다. 이렇게 타인(동생)의 행위(무시)에 초점이 있는 '타자 중심적 감정'(other-focused emotion)은 '자신의 심층 안에 자리 잡고 있는 감정'(self-focused emotion)을 방어하는 기능을 수행하기도 한다. 심중 깊은 곳의 자신의 욕구와 기대를 충족하지 못하여 가장 아래층에 숨겨져 있는 감정은 아직 표현되지 않았다. 그것은 무엇일까? 남이 아닌 믿었던 동생마저도 자신을 무시한다고 느끼는 내담자에게서 상담사는 말 못할 외로움과 처절함을 느낀다. 남이 자신을 무시할 때 단순히 무시당하는 것이 속상하고 기분 나쁜 정도가 아니라, 이건 더 이상 참을 수 없는 외로운 한 존재의 절박한 느낌으로 느꼈던 것이다(1단계). 이에 상담사는 이러한 느낌을 자신의 언어로 풀어낸다(2단계). 이 과정에서 가장 필요한 것은 상담사의 단순한 자기표명이다. 꼭 정답을 맞힐 필요도, 고도의 정신분석학적 해석으로까지 확대될 필요도 없다. 꼭 내담자의 무의식에 대한 전문적 해석 능력이나 정확도를 기할 필요가 없다는 말이다. 정신분석학 문헌에 등장하는 공감의 비과학적이고 부정확성에 대한 논의는 사실 공감이 '해석'에만 머물러 있을 때에 국한된 비판이다. 골드버그의 정의대로 공감을 내담자의 필요와 상담사의 응답을 한데 묶어 느끼는 적절한 감정을 다루는 과정으로 이해한다면, 공감의 완성은 두 사람 사이에 구성되는 '상호적 경험'이 되기 때문이다. 공감을 내담자의 인지나 지각의 과정으로 이해할 경우, 공감적 이해의 과정은 늘 내담자가 그의 무의식 안에서 상담사(해석자)의 감정적 동일시를 일방적으로 기다리는 수동적 위치에 머무르고 만다. 대니얼 스턴(Daniel Stern, 1994)이 지적한 것같이 공감은 관찰의 특별한 방식이 아니라 하나의 관점(perspective)인 것이다. 정신분석적 치료의 현장에서 공감적 의도를 가진 관찰 역시 결국은 다른 모든 관찰과 같이 해석되고 만다. 스턴은 무엇보다 중요한 것은 "분석자와 내담자가 서로의 경험의 상호적인 구성(construction)에 순간순간 어떻게 전적으로 참여하는가와 그들이 임상현장에 발생하는 모든 것을 어떻게 함께 창조(cocreate)하는가의 문제"라고 주장한다(p. 443). 이에 공감의 마지막 단계인 재구성(3단계)은 상담사와 내담자 사이의 상호적 경험을 공유하면서 감정적인 조율을 시도하는 중요한 '공동창조'

의 순간이 된다. 물론 이 3단계의 공감적 참여의 과정은 상담사의 해석이나 판단을 자제하기를 요구한다. 스턴(Stern, 1988)은 다음과 같이 지적한다. "우리는 지속적으로 미지의 상호적인 경험에 참여해야 할 가능성에 대한 인내심을 길러야만 한다. 이 관점은 대부분의 자기 심리학자들의 견해와는 상반될지도 모른다. 왜냐하면 그들은 간헐적이고 피할 수 없는 실패의 경우를 제외하면 분석자는 언제나 공감적인 위치를 당연한 것으로 여긴다고 믿기 때문이다."(pp. 608-609) 분명한 것은 공감적 이해가 상담사의 지각적이고 해석적인 능력을 통해 얻어지는 그 무엇이 아니라, 마치 성육신과 같이 인간과 인간 사이의 신적인 소통(communion)을 목적으로 상호적인 만남의 경험을 시도하는 공동창조의 과정을 의미한다는 것이다.

6. 나가는 말

본 장에서는 정신분석학이나 심리치료의 문헌에 등장하는 공감의 중요성에 대한 이론적 논의를 바탕으로 이를 어떻게 기독(목회)상담의 현장에서 적용하고 실행할 수 있을까에 대한 실제적인 구성을 소개하였다. 이에 공감의 세 단계, 즉 내담자의 정서적 아픔을 느끼고, 그것을 상담사 자신이 표명하며, 마지막으로 내담자의 경험의 틀에서 다시금 재구성하도록 돕는 방법을 사례와 함께 심리학적이고 신학적으로 재성찰하였다.

　이는 정신분석적 관찰과 해석의 방식에 대한 지속적인 훈련을 진행하지 않는 대부분의 기독(목회)상담사가 초기 상담부터 '내담자의 필요와 상담사의 응답을 한데 묶어 느끼는 적절한 감정'을 다루는 방법을 보여 준다. 또한 이는 기독(목회)상담사들이 인간이 되신 하나님의 소명에 응답하는 성육신적인 인간 이해의 임상적 실천이 된다는 점에서 매우 중요한 목회신학적인 과제를 우리에게 제공한다. 하나님이 인간이 되신 사건은 2,000년 전 유대 땅에서 이루어진 일회적인 역사적 사실에 그치는 것이 아니라, 오늘날 기독(목회)상담의 현장에서 매일 새롭게 체험하도록 요청되는 임상적 현실인 것이다. 이제 다음 장에서는 기독(목회)상담에서의 신학적이고 심리학적인 인간 이해의 모형을 보다 구체적으로 살펴본다.

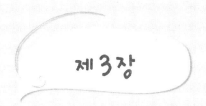

제 3 장

내담자, 어떻게 이해할까
– 수치심과 하나님 형상

내담자, 어떻게 이해할까

-수치심과 하나님 형상

    어느 종교나 마찬가지지만, 기독교에서 인간에 대한 이해는 신에 대한 이해와 서로 깊이 맞물려 있다. 인간의 죄를 강조하면 하나님의 용서가 중요하게 부각되게 마련이고, 인간의 타락을 강조하면 하나님의 구원사역이 중요해지기 마련이다. 기독(목회)상담에서도 인간의 자인식과 하나님 인식은 늘 함께 맞물려 있다는 점이 강조되어 왔다. 제1장에서 살펴본 것같이 상담현장에서 자신의 심층에 부정적인 자기표상(self-representation)을 가진 내담자는 자신이 가진 하나님 표상(God-representation)에도 그 심리내적인 영향력이 미친다는 정신분석적 이해가 이를 보여준다. 이러한 내담자의 심리내적인 하나님 이미지는 인간의 정신역동적인 산물이다. 이는 하나님께서 태초에 인간을 창조하실 때 사용하였던 '하나님 형상'(Imago Dei)이라는 신학적 개념(창세기 1:26)과는 매우 큰 간격이 있다. 이렇게 기독(목회)상담에서 심리내적이고도 신학적인 하나님 형상을 목회신학적으로 고찰하는 일은 의미 있는 과제다. 이러한 심리적인 하나님 형상은 신학적인 하나님 형상과 임상현장에서 어떻게 만날 수 있을까? 이는 일반적인 상담에서의 인간 이해와는 달리 기독(목회)상담에서의 인간 이해에 매우 중요한 출발점이 되는 질문이 된다.

전통적인 신학적 이해에서, 인간에 대한 이해는 늘 죄인(罪人)과 성도(聖徒)라는 대극적인 두 가지 축에서 긴장적인 균형을 갖는다. 인간의 거룩성은 인간 스스로 신성을 추구하는 것이기보다는 인간의 유약성과 유한성을 성화시키는 하나님의 구원사역에 의해 주어지는 것이다. 기독(목회)상담의 현장에서는 실지로 이러한 자신의 죄에 대한 죄의식은 쉽게 발견되지만, 성도로서의 자신 안에 있는 하나님 형상을 자각하는 일은 매우 요원한 일처럼 보인다. 정신분석학적 성찰을 주로 하는 기독(목회)상담사들은 하나님 형상을 오히려 강박적이고 병리적인 원 가족과의 관계에서 비롯되는 것으로 보기 때문에, 이들에게 있어 하나님 형상은 오히려 부정적인 임상적 함의를 갖는 경우가 허다하다. 개인 안에 있는 하나님 형상은 신학적으로 성찰되지 않고, 하나님은 늘 한 개인 안에 자리 잡은 죄성을 노려보는 제삼자적인 위치에 있는 경우가 대부분이다. 결국 내담자 내면의 심리에서 신과 종교적 관계를 유지하는 정서는 '죄-징벌'의 도식으로 이루어져, 창세기 3장에서 실낙원을 경험하고 내몰린 아담과 이브의 **죄책감**으로 대표되어 왔다.

제3장에서는 인간의 종교적 감정의 기원을 죄책감이나 처벌에 대한 두려움이나 의존감과 같은 관계적 정서가 아닌, 보다 내밀한 자신의 정체감과 존재감에 깊은 연관을 가지는 수치심에서 찾아보려고 한다. 수치심은 고통스러운 정서임에 틀림없지만, 그저 부정적인 정서이기만 한 것이 아니라, 원하는 대상에게 기대하는 자신의 내면적 욕구가 충족되지 못할 때 발생하는 정체감의 자각을 돌아볼 수 있도록 돕는 부가적 기능을 하는 정서다. 수치경험으로 인해 자존감을 상실하고 지극히 부실한 정체감을 가진 종교인들은 십자가에서의 그리스도를 인간적인 수치의 원형으로 이해하는 임상적 개입을 통해 치료적 연대감을 이룰 수 있다. 제2장에서 지적한 대로, 이때 십자가는 수치를 경험한 신과 인간의 만남이 주선되는 곳이다. 그렇다면 신학적인 개념인 하나님 형상에 대한 임상적 실천은 과연 가능한 것일까? 원초적인 종교적 감정인 수치심에 대한 신학적이고 심리학적인 조명을 통하여 성서가 제시하는 하나님 형상이 수치심에 빠진 내담자들에게 어떻게 보다 친밀하고 구체적으로 그들의 자기 인식과 하나님 인식을 변화시킬 수 있을까? 이것이 이번 장에서 묻고자 하는 기독(목회)상담의 정체성에 대한 탐구 질문이다.

1. 종교적 감정의 기원에 대한 임상적 성찰

인간이 절대자와의 관계성을 형성하면서 가지게 되는 첫 번째 종교적 감정은 무엇일까? 인간은 존재론적으로 유약하고(vulnerable), 유한한(finite) 존재다. 이는 본질적으로 절대적인 의존의 감정을 가지는 종교성의 취득을 전제하게 한다. 신학자 프리드리히 슐라이어마허(Friedrich Schleiermacher)에 따르면, 감정이 종교의 그릇이라면 '절대의존의 감정'이란 종교의 본질이다(Schleiermacher, 1976, p. 126). 이러한 인간의 절대적인 의존감은 프로이트가 주장하는 신의 투사(projection)를 입증하는, 인간의 불안한 존재감에 대한 또 다른 측면일 수 있다. 이와 같이 이미 정신분석에서도 인간의 불안이나 병리적 의존감은 종교의 기원을 심리학적으로 추론하는 데 언급되어 왔다.

그런 의미에서 '의존'(dependency)은 신학적이고 심리학적이며 문화적인 함의를 지니고 있는 복잡한 개념이다. 또한 지극히 사변적이고도 매우 실제적인 이중적 개념일 수 있다. 신학적인 절대의존과 인간 심리에 내재된 심리내적인(intrapsychic) 의존감은 어떠한 관계가 있을까? 그리고 의존이란 개념이 서로 다른 문화권 사이에서 어떠한 상이한 암시점을 내포하는가? 분리나 독립이 건강한 남성성을 의미하는 문화권에서 '의존'이란 개념은 성적(性的)으로 편향된 가치를 내포하기도 하고, 여성성에 대한 열등한

가치를 결정하기도 한다(Chodorow, 1978). 개개인의 자율성이 관계성보다 중요시되는 서구사회에서는 의존이 한국과 같은 집단주의 문화에서보다 더욱 부정적인 함의를 가지게 마련이다(권수영, 2004; 권수영, 2006b; Lim, 1996). 이에 신학적으로 설명해야 하는 절대적인 의존감을 상대적인 의존감과 구분하여 신과 인간 사이의 관계적 감정으로 이해하기 위해서는 보다 심리학적인 성찰이 필요하다. 특히 정신분석은 건강한 분리(split) 이전의 의존감을 하나의 병리적인 요소로 이해하고, 종교인의 절대의존적 태도를 마치 강박적 종교 감정으로 오인할 가능성이 농후하다(Freud, 2003). 즉, 신학적인 '절대의존'이라는 종교적 감정은 심리학적 병리성의 다른 일면으로 오해받을 수 있다는 것이다. 그런 이유 때문에 임상현장에서 내담자가 가지는 절대의존의 감정을 신학적이면서도 심리학적으로, 즉 통합적으로 평가하는 일은 결코 용이하지 않다.

유약한 존재인 인간이 절대자에게 대하여 가질 수 있는 또 하나의 종교적 감정은 죄책감이다. 신학이 '신과 인간의 만남'(divine-human encounter)에 대한 질문을 묻는 학문이라면(Tillich, 1951, p. 60), 구약성서의 시작은 이러한 만남의 의미를 공고히 하는 기능을 한다. 창세기에서 신과 인간의 만남은 갈등과 분리에서 시작되었음을 보여 준다. 결국 창세기에서의 인간 이해는 인간의 타락에 대한 조명과 함께 이에 뒤따른 하나님의 구원사에 대한 시작을 보도한다. 창세기 3장에 있는 타락과 원죄(original sin) 이야기와 이에 앞서 등장하는 창조의 이야기는 극적인 대조를 이룬다. 특히 하나님의 형상에 따라 지어진 인간의 형상은 '인류의 원천적인 선(original goodness)의 증거'로 해석되어 왔다(Neville, 1991, p. 53). 그러나 신학자 로버트 네빌(Robert Neville, 1991)은 이러한 하나님의 형상에 대한 해석은 '적절치 않은 개인주의'(inappropriate individ-ualism)의 의미로 오도되는 결과를 만들 수도 있다고 지적한다(p. 53). 한 개인 안에 있는 하나님의 속성, 즉 사랑이나 합리성, 자유의지 등이 그것이다. 다시 말해 이것은, 한 개인이 그 개인의 존재 자체로서 하나님의 형상을 드러낼 수 있다고 믿는 개인주의를 가리킨다. 네빌(Neville, 1991)은 하나님의 형상은 인간 개인의 형상이기보다는 하나님과, 다른 사람과, 자연과 계약관계에 있는 '계약의 조건'(conditions of covenant)을 의미한다고 주장한다(p. 54). 하나님 형상을 가진 인간은 한 독자적 존재로서가 아닌, 늘 계약 안에 있는 존재라는 것이다. 이때 중요한 것은 계약의 주체적 존재는 하나님이시라는 점이다. 계약을 애초에 만드신 이는 창조주 하나님이다. 하나님은 인간을 창조하시고, 인간 개개인과 관계와 계약을 맺으신다. 이러한 계약 안에 있는 인간이 바로 관계적 하나님을 표상한다. 그러나 이러한 계약의 파기가 인간을 통하여 자행되었음을 성서는 분명히 보도한다. 창세기는 계약이 이루어지기가 무섭게 계약을 만드신 이의 의도와는 반대되는 인간의 타락이 진행되었음을 보여준다.

성서를 처음 읽는 이들에게 이러한 인간의 두 가지 형상, 즉 사랑과 자유의지 등을 고루 갖춘 온전성(wholeness)과 타락과 죄의 나락으로 빠지는 인간의 죄성(sinfulness)은 인간이해에 대한 혼란스러움을 가중시킨다. 이와 같이 '신과 인간의 만남'이 만들어 낸 성서의 첫 번째 종교적 감정은 죄책감과 두려움이다. 하나님과의 계약을 어긴 인간의 죄성은 하나님의 완전성과 짝을 이루기 마련이다. 성서는 하나님이 이러한 계약을 회복하시고 완성하여 가시는 여정을 그리고 있다. 이러한 성서적 담화(discourse) 구조는 인간의 타락을 하나님의 계약 회복을 위한 구원여정 안에서 대립적 요소로 부각시키기 마련이다. 인간의 죄와 타락을 강조하지 않으면, 하나님의 구원도 말하기 어려워진다. 애초에 만들어진 계약적 관계로서의 회복을 위해서는 계약 위반에 대한 솔직한 고백이 선행되어야 할 텐데, 창세기의 아담과 이브의 이야기에서 이러한 계약 위반에 대한 반성적 태도는 보이지 않는다. 끝까지 계약 위반에 대한 자성은 보이지 않고 자신의 책임을 면피하려는 아담과 이브의 태도로 계약은 더욱 철저히 파기되고, 하나님의 분노는 저주와 고통을 분담시킨다. 성서가 처음 그려내는 '신과 인간의 만남'은 이렇게 비극적인 인간의 실낙원으로 마무리된다. 이러한 인간이해에서 인간의 죄성(sin)과 계약적 존재로서의 하나님 형상은 늘 화해되어야 할, 반대편에 선 개념일 수밖에 없다. 계약을 파기한 책임에 억눌린 인간은 늘 죄인이고, 그러한 인간에게 하나님의 형상은 인간의 원죄를 기억나게 하는 인간의 원초적인 계약 파기의 상처로 남는다. 마치 하나님의 형상은 이미 오래전에 파기되어, 인간이 죄인된 인간 본성을 가지고 있는 한 결코 회복할 수 없는 외상이 된다.

　7년에 걸쳐 도박중독 증세를 보였고 이를 극복하기 위한 노력을 거의 자포자기한 38세의 남자 내담자는 엄청난 죄책감을 안고 기독상담사를 찾았다. 그는 가산을 거의 탕진했고, 이미 아내는 두 명의 자녀를 데리고 처갓집으로 이주한 상태였다. 내담자는 상담사에게 자신이 투숙하는 여관에서 보이는 근처 교회의 십자가를 볼 때면 자살 충동을 느낀다는 충격적인 고백을 한다. 자신 안의 악마적 본성이 자신을 망쳐 왔고, 흡혈귀 영화에서 보듯이 십자가를 보면 자신의 악마적 본성을 스스로 죽이고 싶은 생각에 사로잡힌다는 것이다. 이때 십자가는 그에게 하나님과의 파기된 계약과 망가진 자신의 정체성에 대해 끝없는 정죄를 불러일으키는 상징이다. 내담자는 자격도 없는 자신에게 신실한 신앙의 아내와 두 자녀들은 하나님이 주신 선물이었는데, 이제 그 선물은 하나님이 거두어 가신 것이라고 한탄한다. 그는 다음과 같이 말한다.

　내1: 마치 저는 에덴동산을 쫓겨 나온 아담 같아요. 그런데 아담은 그래도 저보다는 나아요. 죄를 지은 아내라도 함께 있으니까요. 저는 혼자서 이 세상에서 가장 비참한 모습으로 에덴동산에서 쫓겨난 심정이지요. 하나님을 원망하는 것은 절대로 아니에요. 제가 하나님을 원망한다면 진짜 벌을 받을 거예요. 저는 오히려 제가 **버림받아 마땅하다고** 느껴요. 하나님과의 계약을 위반한 아담처럼 그냥 묵묵히 이제 주어진 길을 걸어 가는 길이 **중요하다고** 느껴요.

상1: 아담의 심정이라는 말이 가슴에 와 닿네요. 그런데 마음 깊은 곳에서는 오히려 이브와 함께 있는 아담을 부러워할 정도로 깊은 외로움이 느껴지는데, 어떠세요?

내2: 글쎄요. 어차피 원죄를 안고 사는 아담이나 이브나 모두 하나 님 앞에서는 같은 심정이겠지요. 저도 인간적인 마음에서는 혼자 있는 것이 가장 힘들지만, **그저 받아들여야 할 고통이라 고** 느껴요. 아담보다 더 못한 놈이지요. 전······. (침묵) 왜냐 하면 누구도 저를 유혹하지 않았어요. 오히려 4살 난 딸아이 와 아내가 울면서 매달리는 데도 통장을 훔쳐 나와 도박장으 로 달려가곤 했으니까요. 밤을 새고, 가지고 온 돈을 전부 탕 진하고 나서, 정말 **비참한 심정**으로 새벽녘 어느 교회당의 십 자가를 바라본 적이 있어요. **정말 그 심정이란**······.

이 내담자가 가진 종교적 감정이란 무엇일까? 그가 느낀 '버림 받아 마땅한' 느낌은 과연 어떤 느낌일까? 그가 느낀다는 '버림받 아 마땅함'은 사실 정서적인 진술이기보다는 당위적인 신념에 가 깝다. 이것은 자신의 부정적 자아평가가 가지고 온 하나님과의 관 계에 대해 진술한 것이기는 하지만, 마음속의 중심적 감정에 대해 서는 여전히 모호하게 표현된 것이다. 그가 주어진 길을 걸어가는 길이 '중요하다고' 느낀다는 것도 역시 느낌이 아니라 절망에 가까운 자기방어다. 계약을 위반한 아담처럼 자신도 묵묵히 에덴을 바라보지 않고 고통의 길을 자처해야 한다는 '생각'일 뿐, 여기에는 그 자신의 어떠한 느낌도 자제되어 있다.

상담사가 내담자의 외로움에 대한 감정에 대하여 탐색(상1)하지만, 역시 내담자는 자신의 중심 감정을 노출하기보다는 그저 받아들여야 하는 고통이라는 감정을 억압하는 사고만을 진척시킨다. 오히려 그의 중심적 감정이 드러나는 것은 그 다음 대목이다. 그가 밤새 도박에서 돈을 탕진한 후 새벽녘에 십자가를 바라다 볼 때 느끼는 심정이 그것이다. 그가 표현한 비참한 심정은 단순히 돈을 잃은 허망감일지도 모른다. 그러나 그가 정의하지 못한 보다 깊숙한 심정은 과연 무엇일까? "정말 그 심정이란……"

2. "내가 벗었으므로 두려워하여 숨었나이다.": 종교적 감정으로서의 수치심

신과 인간의 만남의 현장에는 아담과 이브에게 죄책감과 두려움보다 선행하는 감정이 있었다. 그것은 바로 수치심이다. "내가 벗었으므로 두려워하여 숨었나이다(창세기 3:10)." 아담과 이브의 이야기에서 '벗었으므로' 생긴 이 성적인 수치심은 어느 신학자에게도 중요한 종교적 감정으로 취급되지 못했다. 벗은 몸을 알게 된 수치심은 죄의 결과요, 계약파기에 대한 관계적 표식일 뿐, '신과 인간의 만남'(divine-human encounter)이라는 질문에 응답하는 신학적 개념으로는 주목받지 못했다는 말이다. 이는 수치심이 인간의 죄성과 계약파기로 인한 죄책감(guilt)에 대한 신학적 중요도에 밀려 상대적 열세를 띠었기 때문이기도 하다. 기독교 신학의 '죄-구원'의 도식에 주안점을 둔 나머지, 인간의 수치(shame)의 문제에는 큰 의미를 두지 못했던 것이다(Capps, 1993).

실지로 많은 정신분석학 및 심리치료, 임상심리학, 중독연구자들이 죄의식과 수치감의 비교연구에 관한 주제를 연구하여 왔다(Piers, 1972; Kurtz, 1981; Potter-Efron, 1989; Middelton-Moz, 1990; Tangney & Dearing, 2002; Bowden, 2005). 목회신학의 영역에서도 이러한 중독연구와 관련된 신학적 성찰에 있어서 수치심은 중요한 연구주제다(Bringle, 1994; Albers, 1995). 국내에서 신학의 영역 중 수치심과 죄의식을 비교하여 신학적 연구를 진행한 예는 기독교교육의 경우에서 발견할 수 있다. 강희천(2000)은 수치심의 심리적 특징과 유형연구 등을 소개하면서, 수치심을 위한 기독교교육의 필요성을 역설한다. 그는 글의 말미에서 건전한 수치심을 고양하기 위하여서는 교육적 시도와 병행하여 '상담'이 절실함을 지적한다(p. 94).

죄의식과 수치심에 대한 심리학적 연구의 상관적인 역사는 현대 심리학의 발달사와 깊은 관련이 있다(권수영, 2006a). 프로이트가 주장한 인간의 이중적 정서 경험에 대한 부정적인 이해 때문에 1920년대 이후로 인간의 종교적인 감정에 대한 심리학적 연구가 힘을 잃은 것은 사실이지만, '감정' 그 자체에 대한 정신분석적 연구는 지속되었다. 예를 들어, 인간의 인격 발달에 대한 이론가로 유명한 미국의 심리학자 에릭 에릭슨(Erik Erikson)은 독일 태생으로 20대 중반에 프로이트의 막내딸이자 아동정신분석학자인 안나 프로이트(Anna Freud)와 함께 일하면서 많은 영향을 받았다. 출생 직후 아버지를 잃고, 세 살때부터 유태인 계부 밑에서 자란 에릭슨은 젊은 시절 자신의 자아 정체성 문제로 늘 고민했다. 히틀러의 반(反)유대 정책 때문에 미국으로 귀화한 그는 다른 문화권에 대해서도 깊은 관심을 가지면서, 인간의 자아 발달의 단계가 보편적으로 8단계를 거친다고 주장했다. 특히 종교개혁자 루터의 발달 과정을 연구한 저서 『청년 루터(Young Man Luther)』에서는 역사적 자료를 꿰뚫는 그의 정신분석학적 통찰을 엿볼 수 있다 (Erikson, 1997). 자신의 정체성과 정서적 경험에 대한 실존적 관심은 그의 연구에 지속적인 영향을 주었다. 이에 그가 정체성에 지대한 영향을 주는 감정적 경험을 탐색하는 데 지대한 공헌을 한 것도 그리 이상한 일이 아닐 것이다.

에릭슨은 프로이트가 제시한 인간의 정서적 경험을 자신의 이론의 뼈대로 삼고 있다. 예를 들어, 에릭슨은 인생의 8가지 단계에서 각 단계에 따라 사회적 위기가 나타나고 발달 과제가 주어진다고 본다. 개인의 성격은 이 단계적 발달에서 그 위기를 어떻게 해결하는지 그리고 과제를 어떻게 수행하는지에 따라 상이하게 형성되어 간다. 이때 각 발달 단계에서 나타나는 정서적 경험은 중요한 척도가 된다. 즉, 영아기인 1단계(0~1세)에서 갓난아이에게는 보호자인 부모와의 관계에서 '신뢰감 대 불신감' 중 하나를 경험하게 되는 발달 과제가 주어진다. 영아가 처음 가지는 이 정서적 경험은 이후에도 세상을 신뢰의 태도로 보느냐, 아니면 불신의 태도로 보느냐에 지대한 영향을 미치는, 인격 발달의 중요한 과제가 된다. 2단계(유아기)의 '자율성 대 회의감', 3단계(유치기)의 '주도성 대 죄책감', 4단계(아동기)의 '근면성 대 열등감', 5단계(청소년기)의 '정체감 대 정체감 혼미', 6단계(청년기)의 '친밀성 대 고립감', 7단계(장년기)의 '성숙성 대 침체감', 그리고 8단계(노년기)의 '통합성 대 절망감' 등에서도 정서적 경험은 인격 발달의 중요한 척도가 된다(Erikson, 1982).

에릭슨은 죄책감과 수치심의 극명한 차이를 누구보다도 효과적으로 설명하고 있다. 그는 죄책감은 유아 혹은 아동의 '청각적'(auditory) 경험이고, 수치심은 '시각적'(visual) 경험이라고 요약하여 설명한다. 즉, 죄책감은 잘못을 행한 아이가 엄마에게 잔소리를 '듣는' 경험이다. 반면 수치심은 잘못을 행한 아이가 그 벌로 발가벗겨져 손을 들고 서 있을 때 자신의 발가벗은 몸을 '보는' 경험이다. 무엇이 다를까? 부모의 입장에서는 단순히 잔소리를 하는 것보다 남 앞에서 따끔하게 창피를 주는 등의 충격 요법을 쓰는 것이 효과적이라고 생각할 수도 있다. 그러나 당하는 아이의 무의식에는 다른 그림이 그려진다. '청각적'인 죄책감 경험에서는 아이는 단순히 자신이 잘못한 행위(what I did)에 대한 그림을 그린다.

'내가 왜 하지 말라는 일을 했을까?' '이 일은 해서는 안 될 일인가 보다. 매번 잔소리를 하시니 말이야.' 등과 같이 말이다. 그러나 '시각적'인 수치감 경험을 하는 아이는 자신의 행위가 아닌, 자기 자신 전반의 정체성(who I am)에 대한 그림을 그린다. 그저 얼굴이 팔리는 체면의 문제가 아니다. '나는 엄마에게 무엇인가? 나는 얼마나 형편없는 아이인가? 그래, 나는 정말 무가치한 놈이다.' 등 부정적인 자의식의 나락으로 떨어진다. 상담 현장에서 유아기에 이러한 수치 경험을 수없이 한 이들을 만나는 경우가 적지 않다. 그들은 부정적인 자의식을 갖고 있고, 극단적인 경우에는 자기 자신을 해치거나 부정적인 자아 정체감을 갖게 하는 대상을 없애는 것으로 해결책을 찾기도 한다.

자신의 도박중독 증세로 부인과 자녀들과 생이별한 내담자는 상담사에게 극도의 죄책감에 빠져 자신은 하나님께 버림받아 마땅하다고 느낀다고 고백하였다. 단란했던 가정이 있었던 그가 이제 좁은 여관방에서 비참하게 십자가를 바라다보고 자신을 되돌아보는 감정적 경험이 과연 죄의식이기만 할까? 자신이 한 행위에 대한 후회감뿐 아니라, 이 내담자는 분명히 자신의 모습을 바라보는(visual) 경험에 괴로워하고 있다. 내담자가 십자가를 바라보면서 느꼈을 감정은 과연 무엇일까? 십자가를 바라보면서 자신도 명료화하지 못한 내면 깊숙한 곳의 감정은 바로 수치심이 아닐까? 수치심은 단순히 자신이 탕진한 재산과 과거의 행동에 대한 자책을 넘어서, 자신 전반에 대한 무서운 평가절하와 혹독한 자기 비난으로 이어질 수 있다. 즉, 자신의 정체성에 대하여 극단적으로 부정적인 좌절을 경험한다는 것이다. 대부분 이 내담자에 대해 죄책감에 겨워 극단적인 자기처벌적 행동을 유발할 수 있다고 예측할 수 있겠지만, 이러한 극단적인 행동을 일으키는 정서적 경험은 죄책감이 아니라 바로 수치심이다.

이렇게 수치심이 자아 정체감과 연결되어 엄청난 폭력으로 연결될 수 있다는 실증적인 연구가 제시되기도 하였다. 미국 하버드 의과대학의 정신의학자 제임스 길리건(James Gilligan)은 매사추세츠 주의 형무소에서 오랜 기간 살인을 비롯해 아주 치명적인 폭력죄를 범한 재소자들의 범행 동기에 대해 심층 인터뷰와 연구를 실시했다. 그가 25년간에 걸쳐서 연구한 결과, 대부분의 재소자들이 아주 흡사한 정서적 경험을 한 후에 순간적으로 치명적인 범죄를 저지른다는 사실이 밝혀졌다. 그들이 저지른 범죄의 무의식적인 동기는 주로 그들이 가지고 있는 원한이나 증오가 아니라, 그들의 수치심이었다(Gilligan, 1997). 거의 모든 재소자들이 기억하는, 범죄의 마지막 순간에 들었던 무의식적 메시지는 '이렇게 무시를 당하고 어떻게 살아? 도저히 참을 수 없어. 없애 버려!' 였다. 대부분 '체면손상(loss of face)'을 수없이 경험한 이후에 더 이상 참을 수 없게 된 순간이나, 너마저 나를 창피하게 할 수는 없다는 생각이 들 때 자기 방어의 수단으로 폭력을 행사하게 되더라는 것이다.

폭력과 수치심의 관계에서 나타나는 놀라운 사실은 폭력의 발단이 수치심을 느끼게 하는 '대상'에 대한 문제라기보다는, 수치심을 느끼는 개인의 '내면'의 문제라는 점이다. 주로 극단적인 폭력을 동반하는 병리적인 수치심은 왜곡된 자아상을 가지게 한 성장 환경과 관련되어 있다. 수치심이라는 정서는 한 인간이 중요한 타인들로부터 제대로 돌보아지지 않을 때 얼마나 치명적인 결과를 가져올 수 있는지를 가장 잘 보여 주는 예다. 그러나 나는 기독(목회)상담의 관점에서 이러한 수치심이야말로 성서의 신과 인간의 만남(divine-human encounter)을 새롭게 해석할 수 있는 틀을 제공하리라고 본다. 수치심은 하나님이라는 대상으로부터 온 감정이라기보다는, 하나님과의 관계의 질에 따라 인간 내면에 스스로 가지게 되는 정서적 경험이라고 볼 수 있다. 창세기 3장에서 아담과 이브가 가졌던 수치심은 단순히 성적인 수치심(sexual shame)을 의미하는 것이 아니라, 인간과 하나님의 관계에서 인간 자신의 정체성에 큰 혼란을 가지고 온 시각적 경험을 포괄적으로 의미한다. 벗었으므로 부끄러워 생긴 수치심은 실지로 하나님과의 만남에서 자신이 누구인지(who I am)에 대한 혼란과 자기 기만이 진행되면서 가지게 된 관계적 경험이다. 과실을 따먹고 하나님처럼 되려고 한 아담과 이브는 이제 결코 하나님이 될 수 없는 자신들의 모습을 보고, 이제 자신들을 도저히 하나님과의 관계의 틀(에덴동산)에서 볼 수 없기에 부끄러워 숨는다. 이것이 이들이 본 시각적(visual) 경험이다. 벗어서 숨었다고 하였으나, 사실은 내면에 있는 그들의 정체성 혼란이 그들을 숨게 한 것이다.

3. 사례를 통해 본 죄책감, 수치심 그리고 '신과 인간의 만남'의 의미

한 기독(목회)상담사에게 본인 성격 문제 때문에 자녀에게 폭력을 행사한다는 35세의 여성 내담자가 찾아왔다. 8세 된 딸과 6세 된 아들의 엄마인 내담자 김상희(가명)는 첫 아이가 생후 3~4개월 때부터 밤에 잠을 안 잔다는 이유로 때렸다고 보고했다. 화가 나면 화풀이를 다할 때까지 때려도 분이 안 풀릴 정도인데, 부모님이 자신을 너무 많이 때려서 자신은 닮지 말아야지 했는데도 닮았다고 하면서, 분노와 죄책감의 굴레에 빠진 자신의 삶을 한탄스럽게 전했다. 지금도 아이들이 말을 안 듣거나 징징거리며 힘들게 해서 한 번 화가 나면, 분이 풀릴 때까지 때리고 소리를 지른다고 했다. 화가 나서 아이를 집어던진 적도 몇 번 있었지만, 분이 풀리면 이내 아이에게 미안하다고 하면서 후회하는 일상을 반복한다는 것이다. 내 아이들이 이 다음에 나만큼 어른이 되었을 때, 내가 우리 부모님에 대해 느낀 것 같은 감정으로 나를 생각할까 봐 두렵다면서, 분노에 대한 관리와 자신의 죄책감에 대한 임상적 개입을 호소하였다. 상담사는 내담자가 자녀에게 폭력을 행사하는 것에 대한 죄책감과 더불어 자신을 키워 주었으므로 효도해야 한다고 강요하는 부모에게 진심에서 우러나오는 효도를 하지 못하는 데 대한 죄책감의 엄청난 무게에 눌려 있는 것을 발견할 수 있었다.

내담자는 자신이 아주 어렸을 때부터 아버지에게 구타당하였는데, 결혼 직전까지도 이러한 아버지의 폭력은 계속되었다고 말했다. 아버지는 옷을 다 벗겨 놓고 때리고 밖으로 내쫓았는데, 내담자는 늘 자신이 잘못해서 매를 맞는다고 생각했고 반항을 하지도 잘못했다고 빌지도 않아 때리는 대로 고스란히 매를 맞았다고 했다. 정도는 약했지만 어머니로부터도 육체적 폭행이나 언어적 폭력을 경험했다고 전했다. 내담자는 어린 시절 내내 부모에게 인정받기 위해 갖은 애를 다 썼다고 했다. 그러나 특기할 만한 사실은 내담자는 부모에 대한 원망의 말은 전혀 없고 섭섭하다는 표현만 미미하게 할 뿐이었다는 것이다. 상담사의 역전이가 작용하여 부모에 대한 부정적 언급을 유도할 때면, 부모님이 나를 잘 키우려고 때리셨을 뿐이라는 말만 되풀이하였다. 부모님과 자식의 관계이니 자식이 부모에게 잘하는 것은 당연하다고 생각하고, 아들은 없지만 돌아가시면 자신이 제사도 모실 예정이라고 말하기도 하였다.

상담사는 부모에게 억압되어 있는 감정을 표현하도록 돕기 위하여 부모를 원망해도 좋다는 안전감을 상담 중에 제공하려고 개입하였다.

상1: 무엇이 상희 씨가 원망하지 못하도록 할까요?

내1: (침묵)

상2: 원망을 했다가 닥쳐 올 무엇이 두려워서 그럴 수도 있을 것 같은데……. 어떠세요?

내2: 가끔 엄마랑 말싸움이라도 하면, 그러니까 오지 말라고 맨날 그래요. 엄마가 하는 말 중에 죽도록 싫은 건 "너 우리 집에 오지 마라. 너만 잘 살면 되지, 우리 집에 뭐 하러 오냐며 인연을 끊자."라고 하는 거예요. 제가 만약 원망이라도 하면……. (잠시 울먹이며) 아마 인연 끊자고 나오실 것 같아요.

상3: 그게 가장 상희 씨를 힘들게 하는 말이군요.

내3: 그래요. 말 그대로 자식이라고 하나 있는데…….

상4: 상희 씨가 부모님과 인연을 끊으면 부모님이 더 손해 아닌가요? 부모님은 연세가 있으시고 상희 씨는 젊은데…….

내4: 당신들은 그렇게 생각 안 하겠지요. 늘 자식 하나 없는 셈 치면 된다고 힘주어 이야기하시니까. **늘 모든 화살을 제가 다 받아야 하니까.** 내가 이렇게 해서 이 아이가 이렇게 했구나 하고 조금도 생각을 안 하시니까. 그게 늘 제가 감당하기가 힘든 거예요.

상담사는 어릴 적 부모로부터 받은 폭력 경험에 대한 감정의 미처리가 문제의 핵심이라고 보았다. 그래서 상담사는 내담자가 가진 부모에 대한 죄책감을 해소하는 임상적 개입으로 부모로부터 억압된 감정적 경험을 보다 현재화하고 표현하도록 진행하였다. 이러한 오래된 억압감정을 풀어내는 것이 심리적인 불안정 때문에 자녀들에게 행사하는 돌발적인 분노 표출과 폭력을 막을 수 있으리라 본 것이다. 사실 이 내담자가 가지고 있는 부모에 대한 비합리적인 죄책감은 그가 아주 어릴 적 원가족에서 경험한 '죄-처벌'의 도식을 그대로 반복하여 전수한 것이다. 그녀는 자신이 받은 폭력을 마땅히 받아야 할 죄의 대가로 받아들인다. 어릴 적에도 그가 잘못해서 맞은 것이라고 믿었고, 현재도 부모가 자신을 위해서 그런 것이라고 해석한다. 그러나 부모를 닮지 말아야겠다고 결심한 바로 그 폭력성을 자신이 그대로 전수한 것을 보고 자괴감에 빠진다. 내담자는 이 자괴감을 자신의 죄책감이라고 표현한다.

상담사는 왜 이 내담자가 자신과 부모의 관계에서 인연을 끊자는 부모의 협박을 보면 맥을 못 추는 것인지 궁금해한다. 내담자에게 부모와 자신의 관계는 늘 '전부이거나 아무것도 아닌'(all-or-nothing) 관계다. 이 관계를 먼저 끊는 이가 모든 죄를 뒤집어쓰는 구조다. 어찌되었든 내담자는 도저히 감당하기 힘든 죄책감을 떠맡지 않기 위하여 현재의 죄책감을 안고 살아가고 있는 듯한 모습을 보인다. 이는 마치 에덴동산에서 쫓겨나 처음 계약관계를 먼저 깬 죄로 인해 결국 계속해서 하나님과의 관계의 끈을 가지고는 있으나, 여전히 죄의식 가운데서 살아갈 수밖에 없는 아담과 이브의 모습을 보는 듯하다. 이는 아담과 이브의 담화를 '죄-처벌'의 구조로 읽을 경우는 필연적 귀결이다. 하나님은 이러한 인간이 평생 지니고 살 죄의 결과와 죄책감을 보다 못해, 결국 예수의 성육신으로 인류의 죄를 청산한다는 것이 제2장에서 소개한 전통적인 구원 담화의 의미다. 성서에 나타난 '신과 인간의 만남'의 구원사적인 의미를 수치심이라는 정서를 중심으로 다시금 해석해 낼 수는 없을까?

내담자는 어릴 적부터 심한 수치감을 경험하였음을 미루어 짐작할 수 있다. 벗은 몸으로 맞은 경험은 그녀에게 정체감에 대한 심한 혼란을 가지게 했을 것이다. 그녀는 보잘것없는 자신의 모습이나 실존적 존재감을 가지고 유아 시절을 거쳐 지금에 이르렀다. 그리고 권위 대상뿐 아니라, 누구에게나 자신과의 관계의 틀 안에서 자신의 모습을 아무것도 아닌(nothing) 존재로 인식하였을지도 모른다. 이렇게 자신을 아무것도 아닌 것으로 볼 수밖에 없는 무섭고 비참한 감정이 수치심이다. 이러한 감정이 매우 소극적이고 내밀한 감정처럼 보이지만, 자신의 부끄러운 정체성을 자극하는 그 무엇에는 지극히 폭력적인 대응도 서슴지 않는다. 내담자는 두 자녀 중 자신의 모습을 닮은(잘못했다는 표현을 하지 않고 묵묵히 맞는) 자녀에게 더욱 혹독하게 대하는 자신의 모습을 발견한다. 자신을 닮은 자녀에게서 자신을 발견하고, 이에 공감 대신 폭력을 행사하는 이유가 바로 자신의 가장 부끄러운 모습을 자극적으로 분출시키기 때문인 것이다. 자신이 관계적 틀에서 늘 아무것도 아닌 정체성을 가진다는 것은 또 다른 관계의 틀에서(그것도 자신이 힘의 우위를 점할 수 있는 상황에서는) 보다 쉽게 폭력을 야기한다. 계약을 파기한 아담의 죄성이 그를 지속적으로 괴롭히고, 인류가 그의 원죄를 세습한다는 것은 어쩌면 인류가 이렇게 신과 인간의 만남의 틀에서는 하나님이 전부이고 인간은 아무것도 아닌 힘의 편차(power differential)를 만들어 낼지도 모른다. 자신을 하나님 앞에 아무것도 아닌 존재로 인식할 때, 수치심은 보다 증폭된다. 내담자에게서도 이러한 하나님 앞에서의 아무것도 아닌 존재로의 수치심은 명백히 드러난다.

상1: 너무 죄책감이 심해지면 기도를 하신다고 했는데, 기도가 상희 씨에게는 어떤 의미인가요?

내1: 하나님이 있지만, 꼭 그분이 인간의 기도대로 생사화복을 주관한다고 보지는 않아요. 기도는 그냥 꼭 이루어지지 않더라도 마음을 편하게 할 수 있으니까 하는 것이죠. 그냥 제가 할 수 있는 것을 최대한으로 하고, 상담도 그런 측면에서 하는 거고요(웃음). 사이비 신자지만 **기도 정도는 해야 되는 것**이라고 생각해요.

상2: 하나님이 꼭 상희 씨가 원하는 것을 이루는 분은 아니시라고 했는데, 그럼 어떤 분이시라는 느낌을 받으시는지······.

내2: 글쎄요. 항상 내가 원하면 그곳에 계신 분······. 내가 원하면 위로를 주실 수 있는 분······. 내가 좀 더 진심으로 기도할 수 있기를 바라실 것 같아요. 지금은 그냥 기도하면 아직까지 답답한 기분이니까요. 물론 제가 아직까지 하나님 앞에 부끄러운 모습뿐이니까요.

내담자에게 하나님은 전능하신 분이요, 모든 것 되시는 힘의 원천이다. 모든 것을 가능케 하실 분이지만, 나의 기도대로 하실 분은 아니다. 특히나 자신을 아무것도 아닌 것으로 느끼는 수치심을 가진 내담자는 하나님으로부터 더 큰 죄책감을 떠안지 않으려고 그저 관계를 유지할 뿐, 하나님이 자신의 부끄러움을 받아 주실 분은 아니라고 생각한다. '죄-징벌'의 도식에 따르면, 내담자는 어찌되었든 관계를 유지하기는 하지만 끝도 없는 죄책감과 징벌에 대한 불안공포를 안고 살아야 한다.

수치심은 관계적 경험에서 오는 정체감에 대한 자기의 내면적 해석과 관련이 있다고 지적하였다. 수치심은 자신을 아무것도 아닌 존재로 내몰아 갈수록 그 골이 깊어지고 병리적으로 진행된다. 기독(목회)상담에서는 신과 인간의 만남의 의미를 '전부이거나 아무것도 아닌' 관계가 아닌 어떠한 대안적 의미로 해석해 내는지에 대한 신학적인 재성찰을 동반한다.

4. 수치의 원형으로 오신 그리스도: 임상 현장에서의 하나님 형상

신학적으로 인간은 죄인으로 태어난 것으로 인해 원죄의 보균자처럼 취급받기 일쑤다. 창세기 3장이 이러한 신학적 인식을 가지도록 해석적 원인을 제공하였다고 볼 수 있다. 나는 여기에서 상이한 해석적 지평을 소개하고자 한다. 인간은 관계적 존재로서 죄책감이 아닌, 수치심을 안고 태어난다. 먼저 수치심이 어떻게 유아에게 시작되는지 그 심리학적 기원을 추적해 본다.

인간의 정서적 경험은, 특히 유아의 정서적인 경험은 과학적이고 실증적인 연구의 대상이 될 수 없다는 행동주의 심리학의 주장이 정설로 자리 잡아가던 무렵, 유아의 정서 발달에 대한 최초의 실증적(empirical) 연구를 시도한 학자가 있었다. 바로 유아의 '정서 이론'(affect theory)으로 널리 알려진 실반 톰킨스(Silvan Tomkins)다. 톰킨스(Tomkins, 1962)는 그의 저서 『정서적 상상적 의식(Affect Imagery Consciousness)』에서 의식에 대한 실증적 분석이 심리학 발달사에서 두 가지 큰 흐름에 따라 크게 지체되어 왔다고 지적한다. 첫 번째는 행동주의 심리학이고, 두 번째는 정신분석학이라는 것이다. 그는 전자는 관찰 가능한 인간의 행위에만 관심을 가졌고, 후자는 인간의 무의식에만 지나친 강조를 했다고 본다.

프린스턴 대학의 심리학 교수였던 톰킨스는 1955년 안식년에 외아들을 대상으로 매우 인상적인 실험을 하기 시작한다. 그는 유아의 정서 변화가 인간의 신체 변화와 깊은 연관이 있음을 관찰했다. 그는 일단 유아의 정서를 긍정적 상황에서의 정서(흥분, 기쁨)와 중립적 상황의 정서(놀람), 부정적 상황에서의 정서(슬픔, 두려움, 분노, 수치심), 그리고 본능적 욕구와 반대되는 상황에서의 부가적 정서(메스꺼움, 역겨움)로 나누어 보았다. 그리고 해당되는 정서가 유아에게 어떤 신체 변화, 특히 어떤 안면(顔面)의 변화를 가져오는지 밝히고자 했다. 예를 들어, 유아의 '기쁨'의 정서는 세 가지 표정 변화와 직결된다. 밝은 얼굴, 안면 근육의 이완, 그리고 열린 입술 등이다. 그리고 유아의 '분노'의 정서에서의 표정 변화는 눈이 좁아지고, 턱에 주름이 잡히고, 얼굴이 붉어지는 것이었다. '수치심' 정서에서의 표정 변화는 눈을 아래로 떨어뜨리고, 고개를 숙이거나 돌리며, 얼굴이 붉어지는 것이다. 부가적 정서에서는 냄새의 역겨움에 윗입술이 올라가고 고개가 뒤로 젖혀지는 등의 변화와 직결된다고 주장하면서 그는 정서 이론을 전개하였다. 그러나 이와 같이 의식의 차원에서 정서에 대한 독창적인 이론을 수립한 톰킨스의 연구는 후대의 학자들이 정신분석학적인 틀을 크게 벗어나지 않는 범위에서 이어갔다.

톰킨스가 새롭게 제시한 인간의 정서적 경험에 대한 실증적 연구는 그의 연구소에서 지금도 계속 진행되고 있다. 미국 필라델피아 주에 있는 실반 톰킨스 연구소의 현재 소장인 도널드 나단슨 (Donald Nathanson)은 정신의학자이며 정신분석학자다. 그는 톰킨스가 제시한 실증적 척도를 바탕으로 인간의 보다 내면적인 정서의 구조를 연구하고 있다. 실증적 관찰이 가능한 인간 의식의 중요성뿐만 아니라 무의식적인 반응에도 민감한 관심을 가진 나단슨(Nathanson, 1987)은 톰킨스가 제시한 '수치심'이라는 부정적 정서의 이면을 발견했다. 2개월 반에서 3개월 된 유아를 대상으로 관찰하던 나단슨은 유아에게서 부정적 정서로서만이 아닌 부가적 정서로서의 수치심의 특징을 확인하게 되었다. 엄마가 눈을 맞추며 웃다가 중단하고 잠시 뒤를 돌아보았다가 전혀 다른 무서운 얼굴 표정을 지었더니, 유아는 울거나 고개를 떨어뜨리면서 시선을 피하는 수치심의 특징을 보였다. 톰킨스가 부정적인 상황에서의 정서로만 분류했던 수치심은 유아가 자신의 기대 욕구와 반대되는 상황을 경험할 때 발생하는 부가적 정서의 특징도 가지고 있었던 것이다. 이러한 나단슨의 연구는 수치심을 경험하는 이들의 정서적 경험을 총체적으로 이해하려면 단순히 의식적 차원에서 부정적인 정서로만 이해할 것이 아니라 보다 상호 관계적이고 무의식적인 측면, 즉 상대편에게 기대하는 본능적이고 내면적인 욕구와 관련해 이해해야 한다는 점을 잘 보여 주고 있다.

　나단슨의 연구에서 나타난 것처럼, 수치심은 아주 어릴 때부터 경험하는 자연스러운 정서다. 이것이 타인과의 관계에서 인정이나 사랑 등을 기대했다가 거부당하는 뜻밖의 경험을 하고 나서 느끼는 부가적 정서라는 점은 우리에게 인간의 의식 배후에 대한 보다 진지한 관심을 촉발한다. 즉, 한 개인의 수치심은 그가 관계를 가지는 타인에 대한 직접적인 경험에서만 기인하는 인과론적인 결과가 아닐 수 있다는 말이다. 따라서 한 개인이 타인에 대해 어떤 기대를 가졌는지가 무엇보다 중요하다. 바로 그 기대와 다르게 진행되거나 거부되는 경험이 자신 전반에 대한 부정적인 평가로 직결되기 때문이다. 수치심을 느끼는 사람들에게 가장 큰 문제는 무의식적으로 진행되는 자기 자신에 대한 극단적인 평가다. 자신에 대한 혼란, 회의, 무가치성에 시달리도록 낭떠러지로 떠미는 수치심이라는 정서는 실로 위험한 정서로 탈바꿈하기 쉽다고 이미 앞에서 지적하였다.

이러한 측면에서 종교인의 수치심은 바로 신이 어떠한 분이신지와 무관하게 그 신에게 어떻게 기대하고 이에 연계된 자신의 해석이 어떻게 진행되는지에 따라 발생하는 감정이다. 권위자와의 관계에서 힘의 편차를 많이 경험한 내담자는 신과 인간의 만남에서도 전부이거나 아무것도 아닌 관계를 맺는다. 전통적 신학의 '죄-징벌'의 도식에서 보면 하나님이 원하시는 것은 죄짓지 않은 순수한 인격이다. 이에 죄를 짓고 죄의 결과를 확인한 아담과 이브는 그 눈을 피하여 숨는 일밖에 할 수 없었다. 결국 죄를 청산하기 전까지는 죄책감의 굴레에서 벗어나기 힘든 것이 인간의 피할 수 없는 숙명이 되었다.

'죄-징벌'의 도식은 신과 인간의 만남에서 늘 깊은 골을 만든다. 죄가 아닌 인간의 수치를 새로운 도식으로 대체하여 보자. 벗은 몸(죄의 결과)을 보고 느낀 인간의 수치심은 단순히 뼈아픈 부정적 측면뿐 아니라, 자신이 가진 오만한 욕구와 하나님이 원하시는 기대 사이에서 새롭게 자신의 정체성을 확인시켜 주는 기능적 측면이 있다. 과실을 따먹으면 하나님처럼 된다는 유혹에 인간은 하나님처럼 되려는 욕구를 충족하고자 하였다. 그러나 이것은 하나님이 원하시는 것과는 반대되는 것이었다. 오히려 역설적으로 하나님은 인간처럼 낮아지시는 분이다. 에덴동산의 실낙원은 하나님이 인간을 쫓아 내신 사건으로 해석할 수도 있지만, 인간과 마찬가지로 하나님께서도 스스로 수치를 경험하신 사건으로 해석할 수 있다. 성서는 인간을 쫓아낸 하나님을 그 후 그저 무감(無感)하게 지내시는 분으로 그리지 않는다. 구약성서는 사람의 죄악을 보시고 "한탄하사 마음에 근심하시고(창세기 6:6), 이스라엘의 곤고를 인하여 마음에 근심하신다(사사기 10:16)."라고 기록한다. 하나님은 인간의 죄를 끝없이 책망하고 심판하려는 분이 아닌, 근심하시고 인간의 상한 마음과 수치를 아파하시는 분이다.

하나님 앞에서의 인간의 수치심은 하나님 앞에 내가 어떠한 자인가 하는 인식으로 극복된다. 내가 아무것도 아닌 존재에서 모든 것이 되는 순간, 나의 버림받은 수치심은 받아들여지는 존재 경험으로 바뀐다. 성서에서 최초의 인간의 모습은 바로 모든 것이었다. 하나님이 계신 중앙만 제외하면 에덴동산의 모든 것이 주어지고, 모든 권한이 부여되었다. 애초부터 인간이 하나님이 될 수는 없는 것이었다. 이 하나의 불변의 존재적 사실 하나만 제외하면 하나님의 모든 것이 인간에게 주어진 것이다. 창세기는 이 모든 것이라는 자아 정체성을 인식하지 못하고 그저 하나님처럼 되려는 부적절한 욕구와 정체감 때문에 에덴동산을 떠나는 인간의 수치스러운 출발을 드라마틱하게 보여 준다. 또한 구약성서는 하나님 없이 독자노선을 가려는 인간의 끝도 없는 여정을 그리고 있다. 그러나 신약성서에서 신과 인간의 만남은 하나님의 인간되심으로 한층 더 드라마틱한 전개를 보여 준다. 하나님처럼 되려는 인간은 끝없이 좌절하고 죄책감과 더불어 아무것도 아닌 존재감을 느끼며 수치의 나락으로 떨어져 간다. 이때 하나님은 놀랍게도 자기 자신을 낮추어 스스로 아무것도 아닌 인간의 가장 수치스러운 모습으로 성육신한다. 즉, 갈릴리에서 가장 비천한 신분으로 태어난 예수는 인간이 당할 수 있는 최대의 수치스러운 고난과 죽음을 몸소 체험한 것이다.

기독(목회)상담의 임상 현장에서 아무것도 아닌 정체감으로 수치심에 빠진 내담자가 만나야 할 이는 자신과 함께 아무것도 아닌 존재로 오셔서 이러한 수치심에 빠진 모든 이들을 모든 것 되게 하신 예수 그리스도다. 이때 내담자가 가장 부끄러운 자신의 모습에서 하나님의 형상을 발견하도록 돕는 것이 기독(목회)상담의 궁극적 목표가 될 것이다. 이러한 내담자가 가진 하나님 형상은 내담자의 '죄-징벌'의 도식에서 '내담자의 수치-예수의 수치'의 도식으로 옮겨 가도록 돕는다. 앞서 소개한 사례에서 내담자는 지금의 현재의 생활, 부모님과의 관계, 아이들과의 관계에 하나님이 개입하고 계신다고 생각하지 않는다고 강하게 말하였다. 상담사가 하나님의 형상을 탐색하여야 할 곳은 내담자가 자신의 모습을 참담하게 느끼는 수치경험의 장소다. 이곳에서 하나님의 형상을 성육신할 때, 다른 여타 관계적 삶과 일상적 삶에서 하나님을 경험할 수 있다. 이에 상담사는 내담자가 부모로부터 받은 수치경험을 탐색하면서, 예수의 성육신적인 하나님 형상을 임상적으로 체현하려고 시도한다.

상1: 결국 부모님에게 맞고 나서의 부끄러운 자신의 모습이 지금
　　도 가장 받아들이기 어려운 자신의 모습이란 말씀이시지요?

내1: 그럼요. 지금도 부모님 꿈을 꿀 때면 꿈속에서 거의 100% 내
　　가 맞거나 상처를 입거나 죽거나 해요. 나는 그저 벌레만도
　　못한 모습이에요. (눈물을 글썽이며) 어떨 때는 낮에 그런 꿈
　　을 꿀 때도 있어요. 정말 비참한 느낌이에요.

상2: 그런 비참한 느낌은 오히려 죄책감보다 더 힘들 것 같은
　　데……. 죄책감이 심해질 때 기도하신다고 했잖아요? 그럼
　　그런 꿈을 꾸고 나서도 기도를 하시나요?

내2: 아니요. 그냥 그럴 때는 지옥 끝까지 꺼지는 기분이에요. 그
　　런 기분으로 기도하면 하나님이 들어 주시겠어요? 아무것도
　　안 하고 그냥 있어요. 그러다 괜히 애들이 걸리면 저한테 작
　　살나는 거죠. 그러면 또 후회하고 죄책감에 빠지고……. 그리
　　고 기도하는 거죠. 제발 좀 안 그러게 해 달라고…….

상3: 화내고 아이들에게 매를 들고 나서 말고, **자신이 벌레처럼 느**
　　껴질 때, 그리고 **지옥 끝으로 떨어지는 기분일 때**가 사실 **가**
　　장 하나님이 필요한 때가 아닐까요? 아니, 벌레처럼 자신을
　　낮추신 예수님이나, 상희 씨와 함께라면 지옥 끝에서 함께 하
　　실 예수님이 이미 상희 씨 안에 있다고 느껴지는데…….네가
　　왜 그렇게 힘들게 사는지 다 안다고, 상희 씨 있는 모습 그대
　　로도 얼마든지 괜찮다고 하시면서 말이에요.

내3: (침묵) 누구도 내 마음을 모르리라고 생각하면서 지금껏 살았

어요. 교회에서 가끔 우리 안에 하나님이 계시고, 그분의 형상으로 지음받았다는 이야기를 들으면, 괜히 무섭더라구요. 내 모습은 왜 누구에게도 보여 줄 수 없는 정말 보잘것없는 거잖아요.(흐느낀다.)

이후에 상담사는 내담자에게 부모님께 대한 '분노 편지'(anger letter)를 상담사와 함께 쓰는 방법을 선택했다. 상담사는 이전에는 죄책감과 자신에 대한 부적절감 때문에 부모에 대한 감정 표현을 전혀 하지 못했던 내담자에게 이제 자신 안에 있는 하나님 형상인 그리스도와 함께 편지를 쓰도록 구조화한다. 이때 그리스도는 내담자를 통제하거나 징벌할 대상이 아니라, 함께 고통받고 수치심을 나눌 수 있는 임마누엘의 하나님이다. 편지를 반으로 접어 내담자와 예수가 서로에게 가질 수 있는 감정을 각각 나누어 적도록 하는 것도 효과적이다. 이를 통해 내담자는 '죄-징벌'의 도식에서 죄책감에 눌려 하나님과의 거리감을 가지고 있던 과거와는 달리, '자신의 수치심-그리스도의 수치심'의 관점에서 동질감과 새로운 정체감을 가지고 임상적 과제를 수행할 수 있었다. 내담자는 자신에 대한 부적절감 때문에 억압했던 감정을 단순히 노출시키고 폭발시키고 마는 것이 아니라, 예수 그리스도의 공감적인 임재 체험을 통하여 보다 건강하게 분출되어 새로운 변화의 동력으로 사용할 수 있게 된다. '분노 편지'의 내용들이 충분히 다루어지면, '용서 편지'(forgiveness letter)로 마무리하는 것이 부모에 대한 정서적 경험을 새롭게 하는 데 중요한 기능을 한다. 또한 이와 같은 용서의 과정에서도 과거를 단순히 잊거나 부인하는 것으로 그치지 않고 새롭게 갱신하고 회복하는 데 하나님 형상으로서의 그리스도의 임재를 구조화하는 것은 무엇보다 중요하다.

5. 나가는 말

기독(목회)상담에서는 인간에 대한 신학적 성찰을 어떻게 하는가에 따라서 상담의 임상적 진단이나 개입은 달라질 수 있다. 신학적 성찰의 기본적인 구조로 신과 인간의 만남을 성찰할 때 자칫 내담자가 가지는 죄책감은 하나님과의 관계적 만남을 왜곡할 수 있다. 죄책감과 하나님과의 친밀도의 관계를 반비례적으로 이해하는 일반적인 경우, 심한 죄책감에 빠진 내담자일수록 하나님을 친밀하게 느끼지 못한다. 이는 당연한 귀결일 수 있으나, '죄-징벌'의 도식에 따라 내담자의 죄책감과 존재에 대한 부적절감은 더욱더 증폭될 수 있다. 죄책감 배후에는 늘 수치심이 잠재되어 있는 경우가 그 좋은 예다. 죄책감의 경우와 같이 자신의 과거의 행위에 대한 후회를 넘어서 자신의 정체감에 치명적인 부적절감을 느끼는 수치심의 경우, 하나님과의 관계에서 자신의 존재감을 어떻게 상정하는가에 따라 수치심은 배가되거나 조절될 수 있다.

이번 장에서 나는 기독(목회)상담에서 다루는 수치심을 신학적이고 심리학적으로 고찰하면서, 본유적인 종교적 감정으로 해석하고자 하였다. 인간은 죄된 존재로서 죄책감을 느끼는 동시에, 자신을 둘러싼 부적절감과 수치감을 관계적으로 느끼면서 살기 마련이다. 그러나 무엇보다 수치심은 자신과 타인, 그리고 자신과 하나님 사이의 관계의 질을 드러내는 건강한 기능도 가지고 있다는 점에서 중요하다. 또한 기독(목회)상담에서 기독교신앙을 가진 내담자의 경우 자신 안에 있는 하나님 형상이라는 신학적 정체성을 어떻게 임상적으로 체현하는가에 따라 내면의 깊은 수치심을 보다 통전적으로 다룰 수 있는 길이 있다고 본다. 수치심은 부가적 정서로서 하나님이 원하시는 기대를 내가 어떻게 해석하고 내 자신의 모습을 반추하는가에 따라 구성된다. 신과 인간의 만남에서 창세기의 '죄-징벌'의 틀을 가지고서는 더욱 큰 수치심을 경험할 수밖에 없다. 그러나 '인간의 수치-그리스도의 수치'의 관점에서는 십자가상에서 인간의 수치스러운 고통과 죽음을 성육신한 그리스도의 형상을 임상 현장에서 체현하는 것이 가장 큰 임상적 과제인 것이다. 다음 장에서는 기독(목회)상담이 인간의 '죄-징벌'에 대한 인과론적 틀을 넘어서 인간의 변화를 위하여 어떠한 새로운 틀을 제공하는지 소개하고자 한다.

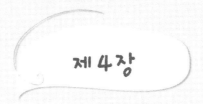

변화는 어떻게 이루어지나
-회심과 회개

제4장

변화는 어떻게 이루어지나

-회심과 회개

기독(목회)상담에서 내담자의 변화 과정을 어떻게 이해할 수 있을까? 기독(목회)상담은 인간의 변화에 대하여 어떻게 신학적이면서도 심리학적인 시도를 진행하는가? 나는 이번 장에서 변화에 대한 신학적 개념을 '회개'라고 보고, 또 심리학적인 유사개념을 '회심'이라고 상정하여, 기독(목회)상담에서 회개의 신학과 회심의 심리학이 어떻게 통합되는지에 대하여 살펴보고자 한다.

회심(回心)은 글자 그대로 본다면 마음을 돌리는 일이다. 영어 conversion의 라틴어 어원 conversio도 마음이 돌아오는 현상 (turning around)을 의미한다. 상담의 목적을 마음에 상처를 입었거나 마음의 평화를 잃은 사람의 마음을 치유하고 마음의 평정을 회복하도록 돕는 것이라고 본다면, 상담과 회심에 일맥상통하는 면이 없지 않아 보인다. 그러나 회심이라는 단어는 인간의 특정한 종교적 체험을 지칭할 때 주로 쓰이는 단어다. 마음을 바꾸는 일이 일반적으로 변심(變心)이라면, 일반인이 종교에 귀의하는 사건이 회심이다. 그렇다면 회심은 신학적 개념일진데, 회심을 연구한 신학자는 얼마나 될까? 오히려 회심은 학문의 태동기부터 신학자보다 심리학자나 사회학자와 같은 사회과학자들의 관심을 집중시켜 왔다. 미국 심리학회(American Psychological Association)의 초대 회장이었던 스탠리 홀(G. Stanley Hall)은 1881년 하버드대학교에서 유명한 연속강좌를 개최하였는데, 이때 주제가 종교적 회심이었다. 그의 연속강좌는 후에 청소년에 대한 2권의 종합 연구서에 수록되었다(Hall, 1904). 또한 초창기 사회학자들도 회심에 깊이 관심을 두었는데, 대표적인 학자로는 조지 잭슨(George Jackson)이 있다. 그는 1908년 밴더빌트대학교의 코울 강좌(Cole lecture)에서 종교적 회심을 다루었다. 그의 유명한 이 강연은 곧 출판되었다 (Jackson, 1908).

1. 회심의 심리학과 회개의 신학의 만남

현대 심리학의 역사에서 윌리엄 제임스(William James), 에드윈 스타벅(Edwin Starbuck), 제임스 루바(James Leuba)와 같은 최초의 미국의 심리학자들이 공히 '회심'이라는 종교적인 주제에 집중하였던 것은 크게 주목할 만하다(Leuba, 1896; Starbuck, 1897; James, 2000). 신학자들에게 회심보다 훨씬 친숙한 개념은 '회개'(repentance)다. 성서에도 회개하라는 말씀은 쉽게 대할 수 있지만, 회심하라는 말은 등장하지 않는다. 그 이유는 무엇일까?

회개는 인간의 죄 고백, 용서 간구 등의 능동적 차원의 인간 행동과 결단을 동반하는 사건인 반면에, 회심은 다분히 수동적인 측면이 강하다. '회심'이라는 헬라어 용어는 신약성서 사도행전 15장 3절에서 딱 한 번 사용되고 있으나, 한글 개역성서에는 '이방인들이 주께 돌아온 일'로 번역되어 있다. 즉, 한글 성서에서는 '회심'이라는 용어 자체를 발견할 수 없다(강희천, 2000). 결국 회심이라는 개념은 역사적으로 성서에 거의 등장하지 않았기 때문에, 신학자의 관심을 끄는 개념이 아니었다. 그러나 회심이라는 개념은 신학의 영역과는 다소 거리를 두면서도 하나님을 통한 수동적 차원의 다소 신비적인 종교 경험을 의미하면서, 타 학문의 연구관심의 대상으로 자리 잡아 온 묘한 개념인 것이다. 어쩌면 회개와 회심이라는 두 개념은 반대 개념일지도 모른다. 회개에서는 인간이 주체가 되고, 회심에서는 하나님이 주체가 된다면 말이다. 그리고 회개 없는 회심이 가능하고, 회개와 회심은 인과론적으로 연결되어 있지 않다. 즉, 두 개념은 비슷한 듯하나 가까이하기에 너무 먼 느낌을 견지하고 있다.

이렇게 회개와 회심이라는 다소 유사한 두 개념이 신학과 심리학의 두 학문 사이에서 자리 잡은 역사는 매우 중요한 발견적인 (heuristic) 의미를 가진다. 만약 회심이 수동적 차원의 종교현상이라면, 왜 신학적인 접근이 아닌, 심리학과 같은 사회과학적 접근을 시도하는가 하는 점이다. 다시 말해, 심리학적 연구는 하나님이 회심을 일으키는 주체임을 정면 도전하는 것이 아닌가 하는 것이다. 하나님이 일으키시는 회심에 왜 인간의 심리가 문제가 된다는 말인가?

그러나 현상학적으로 회심이 수동적으로 혹은 신비적으로 보이는 인간의 종교 경험이기에 오히려 심리학자들의 관심을 자극한다. 사실 심리학자들은 하나님이 회심의 주체라고 믿는 종교인들의 신학에는 아무 관심이 없다. 심리학자들은 회심에서 인간의 심리 외에 하나님의 역할이나 기능에 대해서는 애초부터 관심이 없었다. 초창기 심리학자들은 종교인들에게 나타나는 수동적인 듯한 회심 경험의 다양한 유형에 일차적인 관심을 두었다. 초창기 심리학자들이 다양한 회심의 유형에 대하여 연구하였으나, 많은 회심 심리학자들은 점진적 회심(gradual conversion)보다는 갑작스러운 회심(sudden conversion) 혹은 위기 회심(crisis conversion)을 더욱 흥미롭게 연구하였던 것을 알 수 있다(김동기, 2003). 애초부터 종교적 현상 배후에 있는 하나님의 일에 대해서는 그들이 논의할 입장이 아니었다. 회심자의 내면적인 과정과 주변 상황에 현상학적인 관심을 가지면서 그것들이 회심자의 회심과 어떠한 연관관계가 있는지에 관심을 갖는 것은 회심 그 자체의 외부적 주체를 묻는 신학적인 질문과는 근본적으로 다르다. 회심의 현상을 연구한 초창기 심리학자들의 공통적인 결론은 회심의 유형은 다양하다는 것이다. 그간 이러한 심리학자들의 현상학적인 분류를 통해서 회심에 대한 다양성을 점검하는 것이 회심이라는 인간의 종교적 변화에 대한 신비적이고 단편적인 이해를 벗어날 수 있도록 도왔다. 오히려 기독교 신학은 회심이라는 다소 수동적인 종교 현상에 대한 관심은 뒤로 하고, 인간의 다소 능동적인 과정인 회개라는 교리에 훨씬 큰 비중을 두어 왔다. 회개라는 개념은 객관적으로 관찰이 가능한 종교적인 현상이라기보다는 개인이 주관적으로 가지게 되는 종교적 신념이나 감정 혹은 종교적 결단에 가까운 것으로, 심리학자들의 연구 영역에 들어가는 일은 전무하였다. 어쩌면 회개의 신학과 회심의 심리학은 서로의 대화 창구에는 전혀 관심을 가지지 아니하고 100년이 넘도록 각자의 길을 달려왔는지도 모른다. 회개의 신학과 회심의 심리학이 만날 수 있을까?

회개와 회심의 공통 주제는 변화다. '회개하라'고 변화를 촉구하신 외침이 예수 그리스도의 목회의 시작이었고, 인간의 변화무쌍한 종교 경험의 다양성을 연구한 윌리엄 제임스의 연구가 종교 심리학의 시작을 알렸다. 예수 그리스도가 선포한 회개는 단순히 죄를 뉘우치고 죄를 고백하라는 것 이상이었다. 여기에서의 회개는 고해성사나 주일예배 때 드리는 참회의 기도 같은 의례적인 종교 행위를 의미하는 것이 아니라 전적인 변화를 의미한다. 회개는 단순히 죄를 깨닫는 인지적 기능이나 죄를 자복하고 통회하는 감정적 기능을 넘어서는 것이며, 의지의 변화를 가지고 새로운 행동을 가지게 되는 통전적인 인간의 변화를 내포한다는 것이다. 나는 이러한 통전적인 인간 변화를 의미하는 회개와 대화할 수 있는 새로운 회심 이해를 제안한 종교심리학자 루이스 람보(Lewis R. Rambo)를 소개하고자 한다. 회심에 대해 보다 상호학문적으로 접근한 람보의 이해가 기독(목회)상담사들이 임상현장에서 내담자의 변화에 대한 목회신학을 위하여 가져야 하는 적절한 이론적 틀을 제시하여 주기 때문이다. 나는 그의 이론의 틀에서 회개와 회심이 '변화'의 목회신학 아래 통합되는 기독(목회)상담의 길을 모색할 것이다.

2. 기독(목회)상담의 회개 모델: 인간 변화 이해의 제한점

전통적으로 철학자들은 인간의 정신적인 기능을 세 가지 다른 기능의 총합으로 이해하였다. 앎(intellect), 느낌(emotion), 의지(will)를 나타내는 지정의(知情意)적인 인간 이해가 바로 그것이다. 생각하고 분석하고 조직하는 지능, 느끼고 공감할 수 있는 감정, 또한 결정하고 행동하도록 동기를 부여하는 의지력이 인간의 중요한 정신적인 기능이라는 것이다.

이러한 인간의 정신적 기능들은 서로 대별하여 구분할 수 있는 듯 보이지만, 실제의 삶에서 이들 기능들의 활동영역과 활동시간을 서로 구별하는 일은 불가능하다. 예를 들어, 생각이 먼저인가? 느낌이 먼저인가? 설교를 준비하는 목회자의 경우를 생각해 본다면, 성서를 묵상하고 깊이 고찰하고 생각하는 일과 마음에 감동이 일고 말씀을 들을 교인들에게 공감을 느끼는 일이 시간차를 두고 생겨난다고 보는 것이 가능한가? 정확히 무엇이 먼저인지를 판별하는 것 자체가 불가능하다. 마치 동시다발적으로 일어나는 듯한 이 정신적인 기능들은 서로 밀접하게 연결되어 있고 서로 간의 인과 관계가 없어 보인다. 실제로 생각이 바뀌면 행동이 변하는 것처럼 보이지만, 어떤 이들은 행동이 바뀌면서 생각이 바뀌게 되는 경우도 적지 않다. 어쩌면 이 세 가지 기능은 서로 직선적이거나 선형적인 인과 관계(linear causation)에 있다기보다는 보다 체계적인(systemic) 관계, 즉 상호적인 인과 관계(mutual causation)에 있다고 하겠다. 그리고 이 상호적인 인과 관계가 개인마다 모두 전혀 다른 양상을 가지는 것은 말할 것도 없다. 이러한 인과 관계에 대한 체계적 이해는 오랜 역사를 가지고 있다. 1948년 미국 매사추세츠 공과대학(MIT)의 수학과 교수인 노버트 위너(Norbert Wiener, 1948)가 『Cybernetics』을 출판하면서 유기체와 기계의 제어(control)와 전달(communication)의 관계를 비교 연구하는 인공지능학이 태동했고, 상호적인 인과 관계에 기초한 체계(system) 연구를 통하여 본격적으로 상호 학문적인 구조적 재편성을 시작하게 했다. 이는 1942년에 시작된 생물학자, 컴퓨터공학자, 인류학자, 철학자들로 구성된 유명한 학제 간(interdisciplinary) 학회인 메이시 학회(Macy

Conference)의 연구의 결과였다. 1951년까지 매년 진행된 이 모임에는 위너를 비롯하여 저명한 인류학자 마가렛 미드(Margaret Mead), 과학철학과 정신의학의 분야에서 체계적 사고를 소개한 그레고리 베이트슨(Gregory Bateson), 컴퓨터 과학 분야의 창시자 중의 한 사람인 존 폰 노이만(John von Neumann), AI(artificial intelligence) 분야의 선구자인 워렌 맥컬로흐(Warren McCulloch) 등이 참석하였다. 그 뒤 1942년부터 1951년에 걸쳐 경영학, 교육학, 사회학, 가족치료학 등 다양한 인문 분야의 사고의 전환에 크게 기여한 체계적 사고에 대한 학제 간 연구들이 출판되었다(Heims, 1991).

사실 모든 상담 및 심리치료의 이론들이 가지는 공통적인 과제는 '인간은 어떻게 변화하는가?'다. 이러한 공통된 질문에 다양한 대답을 가지는 이론들이 등장한다. 다양한 의료행위나 심리치료 및 상담에서 이들의 공통적인 주제인 '변화'에 대한 공통분모를 찾기란 쉽지 않다. 다양한 방법론적 차이에도 불구하고 인간이 변화하는 과정에 대한 공통적인 요소를 찾아서 개별 이론을 넘어선 공통모형(transtheoretical model)을 모색하기도 하지만, 주목을 받지는 못했다(Hubble, Duncan, & Miller, 1999). 결국 어떤 특정한 이론은 인간은 생각이 변하여야 감정이 변한다고 보고, 이와 달리 어떤 이론은 행동이 바뀌면 생각이 변하고 감정도 변한다고 보기도 한다. 아니면 인간관계나 인간의 감정이 먼저 바뀌어야 생각도 변하고 행동도 변화하게 된다고 보는 임상가들도 종종 있다. 어쩌면 대부분의 임상가들은 이 세상의 모든 이들에게 공통적으로 적용되는 상담학이론은 존재하지 않는다고 말할지도 모른다. 그래서 사람에 따라 다양한 상담학적인 적용이 필요하다고 본다. 사람에 따라 변화에 대한 과정도 다르기 때문에 어떤 이들에게는 비합리적인 신념체계를 바꾸는 것이 감정과 행동의 변화를 가져오기도 하고, 어떤 이들에게는 숙제기법을 통하여 행동을 의도적으로 변화시키는 것이 자신의 감정과 생각 전반을 바꾸는 계기를 가져오기도 한다. 그러므로 임상가들은 말하기를, 어떤 이들에게는 인지치료가 적절한 반면, 어떤 이들에게는 행동치료가 주효하다는 것이다. 나는 이러한 관점이 인간의 정신적 기능에 대한 다양한 인과 관계를 인정하는 '복합적인 인과 관계'(multiple causations)라고 본다. 사실 복합적인 인과 관계는 다양한 인과 관계 중에서 가장 타당하거나 가장 보편적인 것을 찾고자 하는 '선형적인 인과 관계'를 위한 수순에 불과하다. 하나의 원인이 아니라 여러 원인들을 인정하지만, 이것들은 결국 직선적인 인과 관계에 기초하고 있다는 것이다. 한 인간의 지정의적인 기능들이 서로 '상호적인 인과 관계'를 이루고 있다면, 선형적인 인과 관계를 기초로 한 상담적인 접근(들)은 과연 타당한가?

목회신학자 찰스 테일러(Charles W. Taylor, 2002)는 자신의 목회상담 방법론을 '회개 모델'이라고 부르면서, 내담자를 돕는 기술들과 신학적인 평가와 종교적 자원을 사용하여 목회적인 대화와 상담을 진행하고자 제안한다. 그는 회개를 상담의 모형으로 삼는 이유를 다음과 같이 밝힌다.

　　회개 모델(the metanoia model)은 그 이름을 희랍어 단어인
　　메타노이아에 그 기원을 두고 있는데, 그 뜻은 '자신의 마음 또는
　　자세를 변화시키다 또는 고치다'이다. 이 단어는 모델의 기본적인
　　논제를 반영한다. 즉, 사람들로 하여금 자신들의 문제를 다루는 것
　　을 도와주는 방법은 그들로 하여금 그들의 고통스러운 감정이나
　　행동들에 영향을 주는 좋지 않은 믿음들을 변화시키는 것을 도와
　　주는 것이다. 이 모델의 목표는 복음을 듣고 반응함으로써 사람이
　　변화하는 것을 도와주는 것이다(p. 259).

　테일러의 방법론은 신학적인 틀을 가지고 상담의 과정을 구성
하는 방식에서 적절한 기독(목회)상담의 모형을 제시하였다고 평
가받는다. 하지만 그 역시 인간이 변화하는 과정에서 직선적이고
선형적인 인과 관계에 매여 있는 것을 발견한다. 그에게는 고통스
러운 감정이나 행동들에 영향을 주는 좋지 않은 믿음들을 변화시
키는 것이 가장 중요한 변화의 동인이 된다. 과연 모든 인간이 믿
음과 신념체계를 변화시키는 일로 변화할 수 있을까? 그것이 불가
능하다면, 그의 회개 모델은 결국 일부의 사람들만이 그들의 비합
리적인 믿음을 바꿈으로 감정과 행동이 변화할 수 있다는 제한적
인 모형이라고 이야기할 수밖에 없지 않은가?
　테일러는 자신의 목회신학적인 상담방법론에서 합리적 정서적

행동치료(Rational Emotive Behavior Therapy; REBT)를 임상적인 틀로 사용하고 있다. 제1장에서 언급한 대로, 다른 심리치료와는 달리 REBT는 '평가적 신념'(evaluative belief)에 임상적인 초점을 맞춘다. 즉, 내담자가 경험하는 감정, 사고나 행위의 배후에는 바로 이 평가적 신념이 도사리고 있다는 것이다. 이 평가적 신념은 약간은 의식적이지만 대부분 무의식적인 경향을 가진 신념으로서, 바로 이 '절대적이고 견고한 평가적 신념이 자기패배적 정서'를 일으킨다고 보는 것이다(Nielson et al., 2003, p. 118). 이때 신념은 단순한 인지적이고 의식적 차원에서의 앎(intellect)과는 질적으로 다르다. 인지적 차원이라고 하여 그저 의식의 표면에 드러난 생각이 아니며, 오히려 의식 배후에 깊숙이 숨겨져 있는 평가적 신념은 인간의 심리영역에 있는 내용들 중에서 가장 역동적이라는 점을 명심하여야 한다. 그러나 테일러의 방법론은 아쉽게도 너무 쉽게 이러한 사실을 간과한다.

사실 내담자의 비합리적인 신념은 그의 무의식 심층에 구성되어 있는 과거의 생각과 느낌과 행동이 인과 관계의 기원을 찾을 수 없을 정도로 상호 연관적으로 얽히어 만들어진 체계적인 부산물이다. 내가 만난 한 내담자의 예를 들어 본다. 내가 미국의 한 기독(목회)상담기관에서 일할 때다. 동료 흑인 여성 임상사회복지사의 의뢰로 한 흑인 내담자를 상담하기 시작하였다. 흑인 내담자 나탈리(Natalie)는 32세의 독신 여성으로 캘리포니아 주의 한 형무소의 간수로 일하고 있었다. 의뢰해 준 임상사회복지사는 이 내담자가 가지고 있는 비현실적인 신념체계가 그녀를 반사회적인 행동으로 몰고 가고 있다고 알려 주면서, 성과 인종이 다른 나와의 상담이 새로운 전환을 가져올 것이라고 기대하고 있었다. 특히 이 내담자가 자신의 가족사에 대해서는 자세한 설명을 회피하는 것으로 미루어 보아, 무슨 비밀이 있는 듯하다는 내용도 전해 주었다. 이 내담자는 처음에는 아주 모범적으로 간수직을 수행하였으나, 언제부터인가 때때로 죄수들이나 동료 간수들에게도 신경질적으로 대하고 간혹 폭력적인 행동을 하여 형무소 측으로부터 개인 상담을 받도록 요청받기에 이르렀다. 자신의 책상에 놓여 있는 공책에 뭔가를 엎지른 동료 간수에게 갑자기 폭력을 행사한 것이다.

이 내담자 나탈리가 평소에 가지고 있는 신념은, 자신은 깨끗하여야만 한다는 것이었다. 늘 그녀의 분노의 단추를 누르는 것은 자신이나 자신의 것을 더럽히는 사람들이었다. 그녀는 자신을 쳐다보면서 땅에 침을 뱉은 죄수에게 폭력을 행사하여 전치 2주의 중상을 입힌 적도 있었다. 나탈리는 그 죄수가 자신에게 직접 침을 뱉은 것은 아니지만, 마치 그 죄수가 자신을 더럽다고 여겨 그런 행동을 하였다고 인식한 것이다. 나탈리가 가진 정결에 대한 신념은 실로 대단한 것이어서, 자신의 분노와 돌발행동을 도저히 추스를 시간을 주지 않을 만큼 신속하게 진행되는 인과 관계를 가지고 있었다. 다시 말해, 누군가가 나탈리의 물건을 더럽히면, 그 이후에 나타날 나탈리의 감정과 행동은 불을 보듯 뻔하였다. 이 내담자를 의뢰한 임상복지사는 나탈리의 신념을 바꾸기 위한 인지치료에 중점을 두었으나 별 효과를 거두지 못하였다고 전하였다. 이제 나탈리도 치료에 대한 자신감을 상실하고, 자신의 분노를 촉발시킬 수 있는 어떠한 대인관계도 기피하는 사회공포증 증세까지 나타내기 시작하였다는 것이다.

그녀의 삶 전체에 절대적인 힘을 발휘하는 신념은 사실 그저 의식 표면에 드러나 있는 인지체계 이상의 것이었다. 그녀의 무의식 심층에 있는 신념은 사실은 그녀의 과거 경험에 대한 지정의적인 정신기능들이 서로 복잡하게 얽힌 것이었다. 가족에 대한 정보는 어렸을 때 부모가 교통사고로 죽었다는 것, 언니는 시집가서 다른 지역에 살고 있는 것, 본인은 어릴 적 부모와 함께 살던 집에서 홀로 살고 있다는 것이 전부였다. 가족에 대한 다른 어떠한 정보에 대해서도 함구하던 나탈리는 나의 요청으로 처음으로 어렸을 때 가족이 함께 찍은 사진들을 상담시간에 가져왔다. 서너 장의 사진을 보고 나는 조금 이상한 점을 발견하였다. 가족 모두가 흰옷을 입고 있었고, 사진 속 거실에도 유난히 흰색 계통의 가구들이 많이 눈에 띄었다. 후에 알게 된 것은 지금도 나탈리의 집은 온통 하얀색 가구들로 채워져 있다는 사실이었다. 나탈리가 가장 좋아하는 색깔 역시 흰색이었고, 그녀는 제복을 입어야 하는 근무시간을 빼놓고는 흰색 옷을 즐겨 입었다. 흰색 옷을 입는 까닭에 더럽혀질까 봐 유난히 신경을 쓰게 되는 것은 물론이었고, 흰옷이 더럽혀지는 날에는 감정과 행동의 조절이 불가능해지기도 했다. 그녀가 가족관계 가운데 경험한 '정결 강박증'은 어디에서 왔을까?

온 가족과 함께 시각적으로 경험한 흰색은 늘 정결의 상징이었다. 나탈리가 16세 때 부모님이 사고로 죽기 전까지 그녀의 아버지는 늘 종교적 정결과 함께 혈통적 정결을 강조하는 개신교 목사였다. 아버지는 나탈리에게 흑인정신을 가르쳤고, 흑인의 인권을 위해 필요한 사람이 되라고 가르쳤다. 그리고 항상 흑인은 백인과 다르며, 혈통적으로 더 우수하다고 가르쳤다. 그리고 어머니는 늘 하얀 옷을 다려 입히곤 하였다. 깨끗하게 입으라는 주문과 함께. 나탈리에게 부모님은 언제나 자랑스러운 흑인이었다.

사춘기가 시작할 무렵, 그녀가 흰색에서 느끼는 감정과 그녀가 아버지로부터 배운 생각들과 그녀 자신이 스스로 터득한 생각들 사이에는 괴리감이 생겨났고 급기야 이들이 충돌하기에 이른다. 왜 백인보다 흑인이 우수하다고 하면서 흰옷을 입어야만 하는가? 나탈리는 더러운 흑인이라고 자신의 옷을 더럽히는 백인 친구들과 집에 가면 흰색 옷을 더럽혔다고 야단치시는 자신의 부모님이 다같이 미워지기 시작했다. 언제부터인가 나탈리는 흰색만 보면 현기증을 느끼고, 백인과 부모에 대한 미움이 밀려와 이상한 돌발행동을 하기 시작했다. 그는 부모가 골라 준 흰옷을 거부하기 시작하고, 반항하는 청소년기를 맞는다. 결국 15세에 남자친구와 성관계를 맺고 임신을 하게 되었다. 부모의 실망과 좌절은 극에 달했고, 나탈리는 묘한 쾌감마저 느끼면서 부모의 반대에도 불구하고 아이를 낳으려고 시도한다. 그러던 어느 날 갑자기 교통사고로 나탈리의 부모님이 세상을 떠나게 되었던 것이다.

결국 나탈리는 아이를 유산하고, 부모의 갑작스러운 죽음에 대한 그녀 나름대로의 애도를 시작한다. 그녀는 옷장에서 묵은 흰옷을 꺼내 입기 시작하였다. 그러고는 부모가 남긴 하얀 가구가 그득한 집에서 그렇게 시집도 가지 않고 홀로 살고 있었던 것이다.

나에게 이 나탈리를 의뢰해 준 임상복지사가 파악한 내담자의 비합리적인 신념은 '나는 깨끗한 사람이므로 정결을 유지해야만 한다.'이었다. 이 신념이 과연 인간의 세 가지 지정의적인 정신기능 중 생각이나 앎의 기능만을 의미하는 것일까? 나탈리의 비합리적인 신념은 무의식 세계에서 다양한 기능들의 상호연관적인 망(網)을 형성하고 있었다. 다시 말해, 이것은 나탈리가 과거 경험한 가족관계 안에서 다양한 감정과 생각과 의지가 서로 얽혀 만들어진 상호 연관적인 부산물로서의 신념이다. 이 신념이 상담사의 지적과 논박(disputation)으로 쉽게 바뀌어 그가 감정과 행동의 변화를 가지고 온다고 보는 것은 무의식의 세계에서 여러 해 동안 구성된 신념을 너무 인지적 관점에서 보아 지나치게 단순화한 인과론적인 오류다.

3. 지정의적인 회개: 체계적인 재구성

나탈리의 정결에 대한 혹은 흰색에 대한 집착은 그녀의 죄의식과 관련이 있다. 그녀는 부모의 죽음이 사춘기 이후 흰색에 대한 자신의 감정의 변화와 자신의 행동의 변화에 대한 처벌적인 요소를 가지고 있다고 믿고 있었다. 자신이 부모를 죽였다는 죄의식을 느끼면서, 사실은 흰색을 거부한 자신의 감정과 의지가 부모를 죽였다고 몰아가고 있었다. 결국 그녀는 흰색에 대한 퇴행적 고착만이 그녀의 죄의식을 보상할 수 있는 방어기제처럼 느꼈을지도 모른다.

이와 같이 그녀가 가진 흰색이라는 이미지 혹은 표상에는 부모와의 관계적이고 정서적 요소들과 의지적 요소들이 상호 연관적으로 묶여 있다. 부모와의 정서적 경험은 지속적으로 변화했고 그에 따른 의지적 변화와 행동이 뒤따랐다. 자랑스러운 부모에서 이해할 수 없는 부모로 변화하기도 했고, 때로는 비겁하기도 하고 수치스럽기도 한 부모이기도 했다. 부모에 대한 미움과 원망은 흰색에 대한 현기증으로 이어졌고, 그녀는 흰색을 거부하기로 결단하면서 파행적인 삶으로 자신을 내던지는 행동을 불사하였던 것이다. 부모의 죽음 이후에 그녀는 부모에 대한 감정적인 회고를 의도적으로 차단하고 있었다. 상담에서 부모에 대한 고찰을 회피한 것도 그러한 이유에서였다. 나탈리는 부모에 대한 감정적 기능을 중단하면서, 그녀의 생각과 의지와 행동의 급격한 변화를 감행했다. 흰색을 입어야 하고 정결한 삶을 살아야 한다는 생각과 결단이 그녀의 삶의 궁극적 목적이 되었던 것이다.

사실 이 정결에 대한 집착은 그녀 자신이 죽였다고 믿는 부모의 이미지의 재현이다. 그 집착은 나탈리의 내면에서 부모의 이미지가 되어서 정결을 강요하고, 정결에 해를 끼치는 이를 응징한다. 때때로 그녀가 저지르는 폭력은 사실 자신에 대한 응징이다. 그녀의 폭력 속에는 아직도 스스로 용서하지 못한 자신의 죄스러운 옛 모습에 대한 보복의 측면이 있다. 그녀의 폭력 속에 잠입한 부모의 표상에는 사실 그녀를 응징하기 원하는 하나님의 폭력이 숨어 있다.

흰색을 더럽히는 사람에 대한 나탈리의 분노는 사실 자신에 대한 분노이고, 부모의 분노이자, 하나님의 분노였다. 흰색에 대한 집착은 사실 그녀 자신을 향한, 버림받아 마땅한 자신의 한 가닥 희망이요, 부모와 하나님에 대한 애절한 구애작전이다. 그러한 나탈리에게, 좀 더러워지면 어떠냐고 하거나 흰색을 입지 말아 보라고 한 임상복지사의 논박과 상담적인 개입은 오히려 그녀에게 상담에 극심한 저항만을 가지고 왔던 것이다.

테일러의 회개 모델에서 고통스러운 감정이나 행동들에 영향을 주는 좋지 않은 믿음들을 변화시키는 것이 지나치게 인지적 측면만을 강조한 것이라면, 진정한 기독(목회)상담의 회개 모델은 내담자의 지정의인 변화를 상호 연관적으로 도모하는 것이어야 할 것이다. 나는 먼저 나탈리의 경우 고통스러운 감정이나 행동들에 영향을 주는 좋지 않은 믿음들이 과거의 경험들과 이미지에서 비롯된 상호 연관적 부산물임을 명심하면서, 나탈리의 죄의식에 대한 새로운 고찰이 새로운 회개 모델을 위한 필수요건이라고 여기었다.

테일러의 회개 모델에서 죄는 인지적 동인에 따라서 감정적이고 행위적으로 저질러지는 그 무엇으로 이해되고 있다. 그러므로 테일러는 믿음을 변화시키면 고통스러운 감정과 행동이 변화하여 회개가 완성된다고 본다. 그러나 나탈리의 죄는 그녀의 잘못된 믿음 때문에 생긴 감정과 행위가 아니다. 그녀가 흰색을 우습게 생각하고 입지 않고 반항한 것이 그녀의 죄인가? 그래서 그녀가 부모에게 미움과 원망을 나타내고 일탈적인 행동을 한 것이 그녀의 죄인가? 만약 회개 모델에서 이것이 나탈리의 죄라고 보고 회개를 상담의 과정과 목적으로 삼는다면, 그녀가 가지고 있는 건강치 못한 방어기제와의 차이점은 무엇인가? 그녀의 방어기제의 이면에는 결국 부모를 죽인 살인죄가 도사리고 있는데, 이러한 회개 모델을 적용시킨다면 상담사도 이러한 내담자의 죄를 공조 수사하는 꼴이 된다. 테일러의 회개 모델은 결국 내담자가 가진 '죄-징벌'이라는 도식을 크게 벗어나지 못한다.

또한 내담자의 '죄-징벌' 도식은 지극히 선형적인(linear) 인과 관계의 틀의 제약을 받는다. 죄를 지은 자는 징벌을 피할 길이 없다. 죄인이면 무조건 가해자다. 죄인이면서 피해자일 수는 없다. 죄인이면서 의인이라는 것은 물론 말도 안 되는 것이다. 이러한 선형적인 인과 관계의 틀이 기독(목회)상담에서 신학적으로 문제가 되는 것은 차치하고라도, 임상적으로도 쉽게 그 한계를 드러낸다. 왜냐하면 우리가 만나는 대부분의 내담자들은 죄의식을 가진 가해자처럼 보이지만 실상은 피해자일 때가 많기 때문이다. 더욱 자세히 언급하자면, 가해자이면서 동시에 피해자인 경우가 대부분이다. 피해가 먼저인가, 가해가 먼저인가를 묻는 것은 물론 불가능한 질문이며, 이 역시 망처럼 연결되어 있는 상호적 인과 관계인 것이다. 피해와 가해 사이에 꼭 사람만이 있는 것이 아니다. 제도와 문화, 사회 전반적인 영향과 힘도 이 사이에 도사리고 있다. 나탈리가 겪은 마음의 피해와 자신이 부모에게 행사했다고 믿는 가해 사이에는 나탈리와 그녀의 부모만 존재하는 것이 결코 아니다. 피해자와 가해자처럼 보이는 이들 사이에는 미국 사회가 가지고 있는 전반적인 인종차별적인 문화의 힘이 무섭게 드리워져 있다. 결국 이 가해자와 피해자는 모두 이 독소적인 문화의 피해자들인 것이다(권수영, 2006b).

나탈리의 부모님과 나탈리 자신이 모두 피해자이며 서로 각자가 피해자이기도 가해자이기도 하다는 점은, 체계적으로 보면 모두 밀접하게 상호 연관되어 있으면서도 서로 적대하고 있는 묘한 관계적인 거리를 유지한다. 체계적으로 보면 어느 누구도 완벽하게 피해자일 수도 가해자일 수도 없다고 보지만, 내담자들은 늘 자신을 가해자 혹은 피해자로 절대화한다. 이렇게 절대화하는 자신의 관계적 위상이 그들을 죄인으로 만드는 것이다. 여기서 죄인은 '죄-징벌'이라는 신학적인 도식에서의 죄인과는 질적으로 다르다. 여기서 죄인이란 체계에서 벗어난 자, 즉 분리된 자다. 이러한 죄인은 상호 연관된 자신과 타인을 보지 못한다. 나탈리가 자신을 가해자로 절대화하면서 겪는 자신과의, 부모와의 그리고 하나님과의 분리가 바로 그것이다.

나는 이러한 죄의 이해를 가장 극명하게 설명한 신학자 폴 틸리히(Paul Tillich)의 정의를 임상적으로 되짚어 본다. 틸리히는 죄에 대한 현대적 동의어를 '분리'(separation)라고 밝히고 있다(1948, p. 154). 신학적으로 틸리히는 창세기 3장에서 인간의 소외와 분리의 원형을 보면서, 인간의 죄성을 타인과 자연 그리고 하나님과 분리되는 인간의 현실로서 파악해 냈다. 이러한 그의 정의는 체계적인 관점에서 인간의 죄와 인간의 회개를 재해석하는 데 중요한 신학적 틀을 제공한다. 죄인은 결국 분리된 자요 잃어버린 자다. 신약성서 누가복음의 저자가 탕자의 비유 등에서 죄인 대신 잃어버린 자라는 표현을 쓴 것은 임상적으로 중요한 의미를 가진다. 죄인에 대한 감정적인 반응은 늘 미움과 멸시인 반면, 잃어버린 자에 대한 정서적인 반응은 아쉬움과 동정, 그리고 탕자의 아버지와 같은 애타게 기다리는 마음이다. 이는 분명히 이전에 신학적으로 제시되었던 '죄-징벌'의 도식과는 다른 것이다.

신학적으로 신약성서에서 예수의 선포 바로 직전에 매우 유사하게 회개를 선포한 세례 요한의 회개는 여전히 '죄-징벌'의 도식에 머물러 있다. 즉, 누가복음 3장 8~9절에 보면, 세례요한은 "그러므로 회개에 합당한 열매를 맺고 속으로 아브라함이 우리 조상이라 말하지 말라. 내가 너희에게 이르노니 하나님이 능히 이 돌들로도 아브라함의 자손이 되게 하시리라. 이미 도끼가 나무 뿌리에 놓였으니 좋은 열매 맺지 아니하는 나무마다 찍혀 불에 던지우리라."고 하면서, 의인은 구원받되 죄인은 찍혀 던져질 것이라는 도덕적 관점에서의 회개, 즉 의인 중심의 회개를 말하고 있다. 이에 비해 예수의 선포는 죄인 중심, 즉 잃어버린 자 중심이었다. 다시 말해, 예수의 회개 선포는 '죄-징벌'의 도식에서 '분리(멀리 떠남)-기다리심'의 도식으로 바뀐다. 이러한 예수의 회개 선포야말로 임상적이고 또한 상담적이다.

결국 기독(목회)상담의 회개 모델에서 회개란 체계에서 분리된 자가 체계 안으로 회복되는 것이다. 신학적으로 내담자가 자신과 타인 그리고 하나님과 다시 연합하는 것은 사실 그가 원래부터 상호 연관을 맺고 있던 체계 안으로 재구성되는 것이다. 이때의 회개는 한 내담자의 지적이거나 감정적인 혹은 행위적인 변화를 단독적으로 의미하는 것이 아니다. 회개는 새로운 체계를 경험한 내담자의 지정의적인 변화다. 새로운 체계를 경험하는 일에서 가장 중요한 열쇠는 하나님에 대한 새로운 경험이다. 죄인인 내담자를 향해 징벌의 매를 들고 계신 하나님이 선형적인 인과 관계에서 사라지고, 멀리 떠난 내담자를 애타게 기다리고 계신 하나님을 만나는 경험이 새로운 체계를 구성하도록 촉발한다. 나탈리는 심층상담을 통해 오랫동안 스스로 금기시하여 왔던 부모와의 감정적인 대면을 시작하였다. 본인 스스로 얼어붙게 하였던 감정을 녹이기 시작하자, 그녀가 품고 있던 미움과 분노와 상실감이 터져 나왔다. 한 달여 동안 진행된 심층상담에서 그녀는 한 번도 죄의식을 드러내지 않았다. 그 기간 동안 그녀는 부모를 죽인 가해자가 아니라,

얼떨결에 부모를 잃은 불쌍한 피해자였다. 이때 나탈리는 같은 피해자로서의 부모와 자신을 만났다. 상담사의 도움으로 나탈리는 심층상담 중에 죽은 부모와 오랜만에 얼싸안게 되었다. 한동안 울음을 그치지 않던 나탈리는 실로 오랜만에 가해자가 사라지는 순간을 맞이했다. 그녀는 그토록 오랫동안 가해자인 자신을 또다시 가해하던 하나님이 사라지고, 자신이 얼싸안은 부모를 위해 함께 눈물 흘리시는 하나님을 느끼고 있었다. 그녀는 그 순간 나에게 자신이 지금 '코페르니쿠스적인 회심'(Copernican conversion)을 하였노라고 전하였다. 심층상담 중에 그 하나님을 만나는 순간, 그녀는 그동안 자신이 입은 흰옷은 죄수복이었다고 말하면서, 결국 이 옷을 입도록 무언의 압력을 준 사람이 바로 하나님이란 것을 알았다(知)고 했다. 이제는 그런 하나님은 사라지고, 더 이상 마음을 누르는 그 무거운 느낌이 사라지고, 아무 옷이 필요 없을 것 같은 솜털처럼 가벼운 느낌(情)이라고 말했다. 그리고 그녀는 그날 이후 흰옷을 입을 필요가 없다고 하면서, 좀 더 예쁜 옷을 사겠노라고 (意) 다짐까지 하는 것이었다. 여기서 그녀의 생각이나 감정 혹은 행위 중의 무엇이 이러한 변화를 촉발하였는지 상세히 살펴보자. 그녀가 심층상담 중 가지게 된 새로운 하나님 경험이 상호 연관적으로 지정의적인 변화를 가져 왔다. 그녀가 분리의 죄된 상태에서 자기 자신과 부모와 하나님과의 새로운 체계를 재구성하는 순간이었다.

얼마 후 상담이 종료되고 나탈리는 간수 일을 그만두었다. 그녀는 흑인 인권단체에서 흑인을 위해 자원봉사를 하기 시작하였다. 그녀는 그 후에 다양한 봉사활동을 하면서 많은 흑인들과 백인 자원봉사자들을 만났다. 나탈리는 마침내 부모가 원했던 흑인을 위해 사는 헌신의 삶을 살게 되었다. 1년 후에 나를 다시 만난 나탈리는 많은 백인 친구를 사귀고 있었고, 결혼을 전제로 한 남성과 교제 중이었다. 일이 힘들기도 하고 재미있기도 하지만, 최근 가장 보람 있는 일은 좋은 한국인(나)을 만난 일과 세상에 괜찮은 백인도 많다는 사실을 알게 된 일이라고 말하며 환하게 웃었다.

4. 루이스 람보의 회심 모델: 체계적 단계 이론

나탈리가 상담 중 언급한 회심이란 자신이 수동적으로 경험한 하나님의 현존을 의미하는 것이었다. 심리학자들이 보는 회심 현상의 특징들 중 하나는 회심 경험은 심리적 갈등으로부터 시작한다는 것이다. 물론 그 갈등의 내용에 관한 분석은 심리학자들마다 의견차가 있을 것이다. 예를 들면, 발달심리학자들은 인간 발달 단계상의 갈등을 의미한다고 할 수 있을 것이고, 정신분석학자들은 아버지나 어머니 등의 초기 대상과의 갈등을 의미한다고 할 수 있을 것이다. 나탈리의 회심은 어떻게 이해할 수 있을까? 심리적 갈등을 해소하기 위하여 상담적인 도움을 구하는 종교인들의 경우에는 회심이 무종교적인 상태에서 종교를 가지게 되는 회심이라기보다는 좀 더 심화된 혹은 새로운 신앙의 경지로 접어드는 '강화'(intensification) 유형의 회심이라고 분류할 수 있을 것이다 (Rambo, 1993, p. 13).

나탈리의 경우 분리에서 회복하고 재구성하는 체계적인 변화를 가져온 것이 그녀의 회개라고 보고, 그녀의 지정의적인 변화를 촉발한 것이 그녀의 하나님 경험, 즉 그녀의 회심이라면 회심에 대한 보다 구체적인 학문적인 고찰이 요망된다. 특히나 회개의 신학과 회심의 심리학은 임상의 현장에서 반대 개념이 아니라 상보 개념이라고 보기 때문이다.

여기에서 나는 세계적인 회심연구가인 루이스 람보의 체계적인 단계 모델(systemic stage model)을 소개하면서 기독(목회)상담사에게 필요한 변화의 임상적 이해를 논하고자 한다. 종교심리학자 람보는 30년이 넘는 회심 연구를 통해서 한 사람에게 단 한 번의 회

1단계	2단계	3단계	4단계	5단계	6단계	7단계
정황	위기	추구	만남	상호작용	헌신	귀결

[그림 4-1] 연속적 단계 모델

심이 주어진다는 것은 잘못된 생각이며, 다양한 회심이 계속적으로 일어날 수도 있고, 다양한 회심의 단계가 상호 연관적으로 진행된다는 결론을 내렸다. 그래서 그는 회심이라는 명사형보다 '회심함'(converting)이라는 동명사형이 더 적절하다고 보고, 회심에 대한 '과정 중심적'(process-oriented) 접근을 시도한다.

람보의 오랜 회심 연구의 결과인 그의 회심 이론은 그 방법론적 구성면에서 독특성을 지닌다. 그의 단계 모델에서 중요한 점은 [그림 4-1]에 나타난 것같이 연속적 단계(sequential stage) 모델이 아니라 [그림 4-2]에서 나타난 것 같은 체계적 단계(systemic stage) 모델이라는 점이다. 연속적 단계 모델은 일반적인 발달이론과 같이 보편적이거나 불변하는 단계를 상정하지만, 그의 체계적 단계

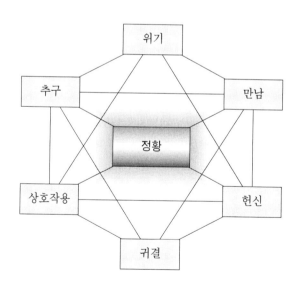

[그림 4-2] 체계적 단계 모델

는 이와는 질적으로 다르다. 1단계에서 7단계로 이어지는 성숙한 회심도 없고, 보편적이거나 단순한 회심도 없다. 개인마다 회심은 7가지 단계를 독특하게 조합하는 방식으로 진행된다는 것이다. 7가지 단계는 서로 상호 연관되어 연결된 입체형인 망(網)구조다. 주로 회심의 유형을 연구하는 학자들은 '양자택일'(either-or)의 자세로 연구할 때가 많았다. 예를 들면, 신약성서에서 바울의 회심을 갑작스러운 회심으로 볼 것인지, 아니면 점진적인 회심으로 볼 것인지의 문제처럼 말이다. 람보는 이러한 양자택일의 구조로는 회심을 전체적으로 조망할 수 없다고 본다. 그에 의하면, 한 개인의 독특한 회심 경험은 7가지의 단계 중 어디에 강조점이 있는가의 문제라는 것이다. [그림 4-2]에서와 같이 한 단계가 다음의 하나의 단계와의 선형적인(linear) 인과 관계로 연결되어 있지 않고, 7가지 단계가 서로 상호적인(mutual) 인과 관계로 얽혀 있는 입체 구조다.

회심은 절대로 진공상태에서 생기지 않는다. 그래서 1단계인 정황에서 시작하기 마련이다. 신약성서 사도행전 9장에 나타난 드라마틱한 장면만으로 바울의 회심 유형을 분석하자면, 이는 위기 회심이나 갑작스러운 회심으로 볼 수 있다. 사도 바울의 회심을 가지고 람보의 7단계를 소개해 본다.

1단계 정황(context): 바울의 회심의 정황은 결코 무(無)가 아니다. 의식적이거나 무의식적이거나 어느 정도 관심과 앎이 있는 곳에서 회심이 시작한다. 바울의 회심에서는 유대교에 엄청난 충성심과 이미 기독교에 대한 많은 관심과 호기심 그리고 살기가 등등하여 있었다는 점이 중요한 정황이다.

2단계 위기(crisis): 회심 전에 주로 위기가 찾아든다. 위기가 회심을 위한 촉매가 된다고 볼 때, 바울의 경우에는 그가 기독교 집단에 느꼈던 위기의식이 이에 속한다고 볼 수 있다. 만약 기독교집단이 미미한 집단이었다면, 바울은 대제사장에게 구속영장을 받아 내어 기독교인들을 죽이려는 소탕작전에 나서지 않았을 것이다. 이는 그의 위협과 불안감이 그의 살기와 공격심을 자극했음을 보여준다.

3단계 추구(quest): 바울의 기독교인 소탕은 그의 종교(유대교)를 위한 그 나름대로의 종교적 추구방식이었다. 그 소탕작전과 바울의 심리 배후에는 바울이 그의 삶의 과정과 목표에 새로운 '의미'를 묻기 시작하는 노력이 숨겨져 있다고 볼 수 있다.

4단계 만남(encounter): 다메섹 사건 자체가 바울에게는 새로운 저항과 도전을 주는 만남의 사건이었다.

5단계 상호작용(interaction): 바울이 기독교를 어떻게 이해하고 해석하고 이전 것을 해체하고 재통합하였는가는 바로 그가 예수의 사랑의 정신과의 상호작용을 일으킨 결과로 나타나는 것이다. 상호작용이 회심의 중요한 단계라고 보는 이유는 바울이 회심한 이후 그가 이전에 속해 있던 집단에 대한 적개심을 나타내지 않은 것에 대한 의문점을 해결해줄 수 있기 때문이다. 바울은 상호작용의 단계를 통하여서 나와 하나님, 나와 타인의 관계를 재해석하였던 것이다. 그가 이해한 복음은 예수 그리스도의 사랑의 범주 안에 유대인을 제외시킬 수 없도록 작용하였다. 이제는 적개심보다 그리스도의 사랑이 더 강하게 작용하여 적개심을 무력하게 만든 것이다. 사회학적으로 단순히 바울이 회심하면서 그가 충성의 대상과 소속 집단을 바꾸었던 것만이 아니었다는 것이다. 이 상호작용의 단계를 거치면서, 회심자의 회심은 새로운 종교집단 내에서의 단순한 '모방'(imitation)과는 질적으로 다른 국면을 맞는다. 상호작용을 통하여 바울은 기독교의 복음과 기독교인들 사이에 존재하는 간격을 발견하고 이를 조율하기 시작한다. 다시 말해, 유대인을 구원의 대상에서 제외시키려는 기독교인들과의 상호작용을 통하여 그리스도의 방식을 재해석해 냄으로써 그는 구원의 범주에 유대인까지를 포함시키는 최초의 사도가 된 것이다.

6단계 헌신(commitment): 헌신의 단계는 주로 회심 이후에 진행되는 변화된 종교적 삶을 의미한다. 여기서 람보는 회심자가 변화와 희생, 즉 옛 자기를 버리는 새로운 삶을 향하는 진행과정 중에는 늘 갈등이 포함된다는 점을 지적한다. 로마서 7장 22~23절에 있는 바울의 유명한 고백을 예로 들 수 있다. "내 속사람으로는 하나님의 법을 즐거워하되, 내 지체 속에서 한 다른 법이 내 마음의 법과 싸워 내 지체 속에 있는 죄의 법 아래로 나를 사로잡아 오는 것을 보는도다." 이 바울의 끊임없는 내적 갈등이 바로 중요한 헌신의 단계의 과정 중 하나라는 것이다. 회심 후 바울의 전도여행만 헌신의 전부로 보는 시각은 오히려 회심을 일시적인 사건으로 몰아붙이고 헌신을 회심의 필연적 결과라고 보게 되는, 지나치게 단순화된 인과론적 오류를 가지게 된다. 내적 투쟁과 번민 가운데 회심은 하나님의 뜻을 따르는 가장 강력하고 원형적인 주춧돌이 된다. 다음 단계가 이러한 과정을 반영한다.

7단계 귀결(consequences): 내적 갈등 후에 바울이 자신의 헌신적인 삶을 어디로 귀결시키는가를 주목할 필요가 있다. "오호라 나는 곤고한 사람이로다. 이 사망의 몸에서 누가 나를 건져내랴?" (로마서 7장 24절) 다메섹 사건을 통하여 바울의 회심이 완성된 것이 아니라, 그 이후에도 그의 회심은 계속되었다. 바울의 회심은 회심케 하신 하나님의 뜻을 받아들이게 하는 기회로서의 회심이었다. 바울의 회심 이후 그의 삶, 목회 그리고 전도여행을 통한 헌신의 삶은 오히려 이전의 삶보다 더 힘들고 어려웠지만, 이 회심의 경험이 바울을 계속적으로 하나님께로 귀의하게 하는 주춧돌 역할을 하게 되었던 것이다.

5. 기독(목회)상담사를 위한 변화 이해: 체계적 접근

나탈리의 경우에서와 같이, 심층상담에서 내담자가 새롭게 경험하는 하나님 사건, 즉 회심을 이해하는 것은 기독(목회)상담에 중요한 과제를 제공한다. 내가 이해한 나탈리의 회심은 심층상담 중에 나타난 그녀의 하나님 경험의 순간만이 아니다. 그녀의 체계적인 변화를 향한 회심의 과정은 시스템적으로 진행되고 있었다.

나탈리의 정황(1단계)은 그녀가 처한 독특한 삶의 방식에서 찾아볼 수 있다. 그녀가 독신으로 살게 된 배경, 부모가 남긴 집을 지키는 이유, 그곳에 남겨진 하얀 가구들과 그녀가 흰옷과 정결에 가지는 집착, 그리고 죄수를 돌보는 직업을 가지게 된 배경 등이 그녀만의 정황을 구성하고 있다.

나탈리의 위기(2단계)는 물론 계속되는 돌발행동, 주변의 사람들이 자신을 정결할 수 있도록 도와주지 않는다는 생각, 다른 사람에 대한 가중되는 분노 등으로, 이는 자신에 대한 분노로 치닫고 있었다. 더더욱 인지치료를 중심으로 한 자신의 상담을 통해서 자신의 돌발행동에 대한 의문이 가중되어, 그녀는 사람을 기피하는 회피성 행동을 시작하고 있었다. 물론 어느 정도의 우울 증세를 보이기도 하였다.

나탈리의 추구(3단계)는 상담에 대한 의지에서 볼 수 있었다. 그녀는 다른 상담사에게 의뢰된 후 상담과정에 적응하면서 다소 저항하는 태도를 보였으나, 나는 그녀가 결코 이대로는 살 수 없다는, 말 없는 메시지를 보내고 있음을 감지할 수 있었다. 추구의 단계에서 나타나는 의미를 추구하는 방식은 바로 그녀의 무의식이 추구하고 있는 흰색과 정결이 가진 강박적인 의미였는지도 모른다. 그러나 그녀의 상담에의 추구는 흰색과 정결에 대한 새로운 의미를 처절하게 갈구하는 것으로 보였다.

나탈리의 만남(4단계)은 여러 가지 측면에서 지적할 수 있겠으나,

나의 관점에서 나탈리가 궁극적으로 하나님을 새롭게 만나도록 바탕을 제공한 가장 큰 만남의 사건은 그녀가 오랫동안 감정적으로 차단하였던 부모와의 감정적인 대면이다. 그녀는 자신을 흰색과 정결 강박증 안으로 몰아가면 갈수록 그녀를 옥죄는 부모의 힘을 느꼈다. 그녀의 무의식은 그녀의 강박증을 통해 그녀가 부모에게 복종하는 방식을 주문했지만, 실지로 그녀는 그 복종을 통해 오히려 부모와의 감정적 거리를 한없이 벌려 놓았고, 그녀의 말없는 분노는 분출될 통로를 찾지 못하고 있었다.

나탈리의 상호작용(5단계)은 실로 상담의 전환점을 가져온 과정이었다. 먼저 부모와의 상호작용은 15년이 넘게 그녀를 가두어 온 그녀의 감옥에서 그녀를 구출하였다. 그녀의 양극적인 분노와 죄의식은 심층상담을 통한 부모와의 진지한 상호작용을 시작하게 했다. 물론 중요했던 것은 부모와 나탈리의 관계를 직선적이고 선형적인 인과 관계로 보지 않는 상담적인 배려였다. 나탈리는 부모가 자신을 버린 가해자가 아닌, 자신을 홀로 두고 가서 한없이 고통스러워하는, 자신과 같은 피해자임을 처음으로 고백하였다. 또한 이 모든 이별과 분리를 조장하고 자신의 불효를 처벌하였다고 표상한 하나님과의 심층적 대화는 그녀를 다시금 새로운 체계 안으로 재편성시키고 있었다. 하나님에 대한 새로운 신념을 갖도록 인지치료에서 사용하는 논박은 사실 내담자와 하나님과의 심층적인 상호작용을 지나치게 단순화한 것이다. 심층상담을 통한 나탈리의 상호작용은 한 달여 동안 약 10회기에 걸쳐 진행되었다. 상담이 종료된 후에도 그녀의 상호작용은 계속되었다. 그녀는 상담 이후 그녀의 새로운 일을 통해서 예전에 가졌던 백인과의 관계가 개선되고 있음을 발견하였다. 늘 그녀를 더럽다고 여긴다고 믿었던 모든 백인들 중에서 일부를 자신의 체계 안으로 재구성하는 놀라운 변화가 일어난 것이다. 이는 자신과 하나님과의 관계에 대한 새로운 상호작용이 가져온 새로운 변화였다. 그녀는 이제 자신과 인종을 넘어선 상호작용을 지속적으로 감당할 수 있는 지정의적인 정신적인 능력을 가지게 되었던 것이다.

나탈리의 헌신(6단계)은 그녀의 새로운 결단과 함께 시작되었다. 흰옷이 아닌 옷을 입고, 형무소를 사임하고 새로운 자원봉사의 삶을 시작하였다. 그녀의 헌신의 삶 가운데 갈등은 계속될 것으로 보인다. 상담 종료 후 1년여가 지나서 나는 나탈리를 다시 만났다. 나는 새로운 변화에 대해 자랑하는 나탈리에게서 경제적으로 예전보다 결코 쉽지 않은 삶으로 인한 계속적인 심적인 갈등도 있음을 알 수 있었다.

나탈리의 귀결(7단계)은 그녀가 갈등과 삶의 곡절이 있을 때 혹은 다시금 자신이 체계 밖으로 이탈하려고 할 때마다 과거 심층상담에서 만난 새로운 하나님 경험을 '코페르니쿠스적인 회심'으로 기억하면서 평안을 회복한다는 나탈리의 고백에서 찾을 수 있다. 사실 이제 나탈리를 지탱하도록 돕는 것은 상담이 아니라 상담에서의 회심 경험을 새롭게 체계 안에서 지탱하도록 돕는 그녀의 지원 체계(support system)다. 그녀의 새로운 하나님과 함께 자원봉사

현장에서 만나는 수많은 동료 흑인들, 가까운 백인 동료들, 그리고 그녀의 새로운 남자친구와의 관계는 그녀가 예전에 직선적이고 선형적인 인과 관계의 틀에서 보던 '가해-피해'의 이분법적인 인간관계와는 확연한 차이를 가지고 있는 상호적(mutual) 인간관계다.

6. 나가는 말

테일러가 제안하는 내담자의 변화를 도모하는 기독(목회)상담의 회개 모델은 주로 선형적이고 직선적인 인과 관계의 틀 안에서 진행된다. 즉, 내담자가 자신의 비합리적인 믿음을 변화시키도록 돕는 것이 내담자의 감정과 행동을 바꿀 수 있는 동인이 된다는 것이다. 물론 다른 임상가들은 그 원인을 제공하는 동인을 다르게 볼 수도 있을 것이다. 예를 들어, 행위를 변화시키도록 도와야 감정과 생각이 변화한다고 보는 임상가들도 있을 것이고, 인간의 감정을 중점적으로 바꾸어야 생각과 행동이 바뀐다고 보는 임상가들도 있을 것이다. 이번 장에서는 인간의 다양한 정신적인 기능의 독립적인 분립을 전제로 한 이러한 인과론적인 틀이 인간의 지정의적인 기능들의 상호 연관적 인과 관계를 지나치게 단순화한 오류에 빠져 있음을 지적하였다.

상호적인 인과 관계는 원인이 없다고 보는(no cause) 견해와는 다르다. 이것은 추적이 가능한 원인의 기원을 찾기란 불가능하다고 보는 관점으로, 원인은 늘 다양한 동인들의 상호 연관적 망(網)처럼 얽히어 있다고 보는 것이다. 임상가들은 사례를 개념화할 때 관찰되는 내담자의 생각이나 감정 그리고 행동들이 개별적으로 존재하는 지정의적인 정신기능 중 어느 하나를 의미하는 것으로 보아서는 안 된다. 앞서 제시한 사례에서와 같이 나탈리의 생각, 즉 나는 정결해야만 한다는 신념은 단순한 그의 인지적 사고구조인 것으로 볼 수 없다. 그 신념은 사실 오랫동안 그녀가 경험하여온 다양한 감정과 생각과 의지가 상호 연관적 망처럼 구성되어 있는 체계적인 구조다. 이 체계 안에는 다양한 대상과의 관계적 경험이 망처럼 얽히어 있다. 그리고 종교인들의 체계적인 대상관계에는 늘 하나님과의 대상관계가 중요한 구성요소로 연관 지어져 있다.

병리적인 죄의식에 시달리는 내담자의 방어기제 안에서 내담자를 변화시키는 기독(목회)상담의 회개 모델은 무엇일까? 나는 이러한 내담자의 죄를 '분리'(separation)로 이해하면서, 이는 곧 체계에서의 '이탈'(deviation)을 의미한다고 본다. 내담자의 방어기제는 체계적인 사고를 거부하게 만들고, 선형적인 인과 관계의 틀에서 내담자를 일방적인 가해자로 옥죄는 역할을 한다. 체계적인 관점에서 내담자의 회개는 다시금 상호연관적인 대상관계를 회복하여 내담자의 체계를 재구성하도록 돕는 일이다. 나는 기독(목회)상담에서 내담자가 체계를 재구성하도록 그에게 지정의적인 변화를 촉진하는 가장 큰 동인은 그의 하나님 경험이라고 주장한다. 다시 말해, 내담자의 회심 경험은 바로 내담자의 체계를 재구성하게 하는, 중요한 기능을 담당한다. 나는 여기서 내담자의 회심이 단순히 심층상담 중에 경험되는 급격한 회심이나 위기 중에 감정적으로 경험되는 위기 회심과는 다른, 회심의 체계적인 과정(process)임을 강조하기 위하여 람보의 체계적인 단계 모델을 소개하였다.

람보의 7단계의 특징들은 기독(목회)상담사가 심층상담과 그 이후에 진행되는 내담자의 회심의 과정을 지속적으로 도울 수 있는 이론적 틀을 제공하여 줄 것이다. 직선적이고 연속적인 단계 모형이 아닌, 람보가 제시하는 체계적인 단계 모델에 따르면, 내담자의 회심의 과정은 내담자의 체계적인 변화가 일회적이거나 진보 혹은 퇴행하는 선형적 사건이 아님을 우리에게 알려 준다. 이러한 회심에 대한 이해는 기독(목회)상담사가 도와야 할 내담자의 변화가 일회적인 사건이 아니라, 지속적으로 체계적인 재구성을 진행하는 평생의 과정임을 알려 준다. 기독(목회)상담사가 가져야 할 변화에 대한 목회신학은 내담자의 지정의적인 변화를 동반하는 회개 사건이 그가 경험하는 회심 사건과 체계적으로 연관되어 있다는 점에 대한 대화적 성찰이다. 임상의 현장에서 내담자의 회심이라는 체계적인 변화의 과정 없이는, 그는 회개할 수 없고 근본적으로 변화할 수 없다. 회심과 회개는 변화라는 동전의 양면이다. 그리고 변화는 결국 하나님 없이는 분리될 수밖에 없는 체계 안으로의 회복인 것이다.

결국 일반상담의 현장에서 상담사와 내담자 사이에 발생하는 사례(case)가 기독(목회)상담의 현장에서는 상담사와 내담자 그리고 하나님이 상호적으로 만나 내담자를 새로운 체계와 새로운 공동체로 회복시키는 '목회적 사건'(pastoral event)으로 변모한다. 이제 마지막 장에서는 기독(목회)상담의 슈퍼비전모형을 살펴보면서, 심리학적으로 뿐 아니라 신학적으로 기독(목회)상담의 사례를, 아니 '목회적 사건'을 성찰하는 방법을 검토하여 보고자 한다.

슈퍼비전 어떻게 할 것인가
– 심리학과 신학의 통합적 성찰

제5장

슈퍼비전 어떻게 할 것인가
─심리학과 신학의 통합적 성찰

　어느 기독(목회)상담의 지도감독자(superviser)가 슈퍼비전을 하는 도중 피지도자(supervisee)에게 묻는다. "어떤 접근 방식으로 내담자를 이해하신 거예요?" 피지도감독자는 그간 기독(목회)상담학 공부를 통하여 군데군데 배운 대로 정신역동과 가족치료의 개념을 적절히 섞어 설명하였다. 더욱 난감하게도 지도감독자는 생뚱맞은 요구를 한다. "기도 좀 해 보시겠어요?!" 기독교인이긴 하지만 슈퍼비전 도중에 기도하라는 주문에 그 기독(목회)상담사는 당황하는 기색이 역력하다. 내담자를 생각하며, 그리고 그와의 상담 경험을 염두에 두고 기도해 보라는 지도감독자의 요청에 그 피지도자는 기도를 시작한다. 기도가 끝난 후 그 기도의 내용을 기억한 지도감독자는 기도 중에 나타난 피지도자의 신학이 그가 진행한 상담에 어떠한 영향을 미치었는지에 대하여 성찰하기 시작하였다. 그제야 피지도자는 상담과정 중에 상호 간의 심리적 구조만이 역동적으로 작용하는 것이 아니라, 자신의 신학적 신념과 하나님 인식이 얼마나 강하게 작용하는지 깨닫기 시작하였다.

또 이 지도감독자는 분노에 가득 차 하나님에 대한 불신과 의심에 불타는 내담자를 만난 한 여성 기독(목회)상담사와 슈퍼비전을 가졌다. 이 상담사는 점점 자신이 내담자의 하나님 이미지를 바꿀 만한 용기와 힘을 상실하여 간다고 안타까움과 좌절을 호소했다. 슈퍼비전이 끝나 갈 무렵, 피지도자는 어떻게 내담자의 하나님 표상을 바꿀 수 있을지에 대한 새로운 임상적 접근을 알려 달라고 주문했다. 지도감독자는 이 피지도자를 향하여 다소 장엄한 목소리로 다음과 같이 묻는다. "내담자에게 하나님은 어디에 계신가요?" "네?" 하고 반문하기가 무섭게 지도감독자가 되묻는다. "내담자의 하나님은 무엇을 하고 계신가요?" 잠시 생각에 잠긴 피지도자에게 슈퍼비전은 다시 묻는다. "상담사의 하나님은 어디에 계신가요?" 더더욱 멍해진 피지도자에게 슈퍼비전의 질문이 시간차를 두고 연이어 쏟아진다. "상담사와 내담자 사이에서 하나님은 무엇을 하고 계신가요?" 그리고 마지막으로 던져진 질문은 다음과 같다. "바로 지금 여기에 하나님은 어디 계신가요?" 제대로 대답할 겨를조차 가지지 못한 피지도자는 그제야 하나님의 실재에 대해 진지하게 성찰하는 기독(목회)상담 슈퍼비전의 역할을 깨달기 시작하였다.

위에 제시된 두 피지도자들은 기독(목회)상담사로서의 교육과 훈련을 통하여 사례를 심리학적으로 사고하고 임상적으로 성찰하는 준비가 된 자들이었다. 그러나 그들은 상담의 과정과 그들의 사례를 신학적으로 성찰하는 방법에 대하여서는 무관심하였다. 그리고 임상적인 방법론에 대한 지나친 강조는 언제부터인가 하나님의 실재가 자신과 내담자 그리고 그들 사이에서 어떻게 상호작용하는지에 대한 성찰 또한 간과하도록 내몰고 있었다. 과연 기독(목회)상담의 슈퍼비전이 구성되는 신학적 원리는 무엇이고, 구체적인 얼개는 어떻게 이루어져야 하는가?

기독(목회)상담사들은 모두 부르심을 받은 소명자들이요, 자신을 부르신 분에 대한 다양한 생각을 가진 이들이고, 이러한 생각은 상담사역이라는 경험을 통하여 새롭게 도전을 받기도 하고 강화되기도 하는 변화를 경험한다. 다시 말하면, 기독(목회)상담사들이 모두 신학적 사고를 하게 마련이고, 그러한 신학적 신념이나 생각들은 진행하는 사역의 과정에 영향을 미치며, 다시 그 사역의 경험을 통하여 그들의 신학적 사고가 다시 영향을 받는 순환적인 상호연관성을 지닌다. 이러한 하나님 인식이나 영적인 인식의 흐름은 기독(목회)상담의 슈퍼비전에서 간과되어서는 안 된다.

나는 경험을 바탕으로 기독(목회)상담사들이 임상 경험을 통하여 발달해 가는 임상적인 단계적 변화들을 세 가지로 나누어 본다. 첫 번째 임상의 시기는 상담을 진행하는 현장에서 내담자와 상담사가 읽은 상담학 교재가 교차적으로 보일 때다. 상담사는 책에 나오는 이론과 임상결과들을 내담자와 상담사 자신 사이에서 적용하여 보고자 노력한다. 대부분 이때 상담사는 슈퍼비전도 제대로 받고 있지 않는 경우가 허다하다. 두 번째 시기는 철저한 슈퍼비전을 받으면서 상담사가 자신을 보기 시작하는 시기다. 상담의 임상현장은 책과 내담자를 상대로 하는 것이 아니라, 상담사 자신의 심리와 삶이 드러나고 내담자와의 상호작용이 결코 멈추지 않는 장이라는 인식을 가지게 되는 시기다. 세 번째 시기는 상담을 위한 신학적 성찰작업이 진행되고 나름대로의 영성훈련을 하게 되면서 시작되는, 내담자와 상담사 사이에 있는 하나님의 실재에 대한 임상적 인식이 가능해지는 단계라고 본다. 특별히 이 시기에는 슈퍼비전을 통해 상담사가 자신과 내담자 사이에 있는 그분의 자리를 인식하고 성찰하는 일이 가능해진다. 내담자와 상담사가 공히 소망하고 목적하는 변화는 사실 내담자로부터 오는 것도, 상담사 자신의 임상적 접근으로부터 오는 것도 아닌, 그분에게로부터 와서 결국 모두에게 상호작용하고 통합되면서 엄청난 실존적인 힘을 주는 '목회적인 사건'(pastoral event)이다. 이는 앞서 살펴본 것 같이 상담사와 내담자 모두 하나님의 실재와 그분의 변화의 사역을 경험하는 사건이기에 상호적인 회심의 사건이라고도 할 수 있겠다.

이에 나는 기독(목회)상담에서의 슈퍼비전이 상담사와 내담자 사이에서 상호적인 하나님과의 만남의 사건을 재성찰할 수 있도록 돕는 신학적 작업이라고 본다. 이에 임상적 분석을 주요 기능으로 삼는 상담 슈퍼비전에서 어떻게 신학적 원리가 적용되는지 살펴보고, 그러한 신학적 원리를 토대로 구성되는 기독(목회)상담 슈퍼비전의 모형을 제시하고자 한다. 이번 마지막 장에서는 제1장에서 살펴본 임상현장에서의 신학의 정의와 기능적 측면뿐 아니라 방대한 학문체계로서의 신학을 간략하게 조명할 것이다. 먼저 신학이라는 학문이 가지는 방법론적인 변천을 살펴보면서 신학적 방법론이 고대, 중세 그리고 근대를 거쳐서 현대에 이르기까지 인간과 신이 만나는 접점에서 어떠한 강조점을 가지고 발전하였는가와, 이러한 변천이 목회신학의 태동과 발전에는 어떠한 상호연관을 가지는지 고찰하고자 한다. 이후에 나는 목회신학적인 원리로 구성된 슈퍼비전의 구성 방식을 소개하면서, 기독(목회)상담의 이론과 실천 그리고 재성찰 사이의 해석학적 순환에서 슈퍼비전의 그 매개적 역할을 강조하고자 한다.

1. 신학방법론의 변천: '있음'에서 '앎'으로 그리고 '삶'으로

누구나 지구상에서의 학문의 태동을 말하고자 한다면, 인간이 진지한 사고 기능을 가지고 질문과 해답을 추구하는 학문적인 과정의 기원을 희랍 철학(philo-sophia)에서 찾을 수 있을 것이다. 그렇다면 신학이라는 학문이 처음 언급된 것은 언제로 거슬러 올라

가야 할까? 플라톤이 '신학'(theologike)이라는 단어를 처음 사용한 학자로 알려져 있고, 이후 아리스토텔레스가 구체적으로 언급하기 시작한 것을 볼 수 있다. 아리스토텔레스에게 있어 신학은 형이상학의 등장과 맥을 같이한다. '형이상학'(meta-physics)이라는 용어 자체는 학문의 순서를 언급하는 개념이다. 즉, 형이상학은 그 해석적 의미가 경험 세계를 초월하여 존재하는 본질에 관한 궁극적인 원인을 탐구하는 학문이라고 할 수 있겠지만, 그 단어의 본뜻은 meta가 '이후'(after)를 나타내는 접두사이므로 물리학과 같은 자연학(physika) 이후에 오는 학문이라는 뜻을 가지고 있다. 학문의 순서를 말할 때 자연학을 먼저 배운 다음에 모든 존재 전반에 걸친 근본 원리, 즉 존재하는 것으로 하여금 존재토록 하는 원리를 연구하는 학문인 제1철학(proto-philosophia) 또는 신학(the-ologike)을 배워야 한다는 것이다.

철학사에서 제1철학은 모든 존재사물에 대하여 그것들이 '있다'라고 말해지는 한에서 그 '있다'를 성립시키고 있는 제1의 원리를 다룬다. 그리고 이러한 제1의 원인 혹은 요소의 질서가 궁극적으로는 제1의 존재자인 신(神)에게 어떤 의미로든 의존하므로 신학이라고 명하게 된 것이다. 이러한 존재의 근원을 묻는 존재(있음)의 학문인 형이상학은 중세에 이르러서는 세계의 창조자로서 신을 인정하는 기독교의 신학과 결합되어 오늘의 기독교 신학의 모체를 이룬다.

철학사에서 방법론의 가장 극적인 변천은 가장 먼저 고대와 중세의 형이상학이 다루는 '부동의 제1원인'이 내포하고 있는 객관주의적 일방성이 무너지고 근대(데카르트) 이후에 인식의 주체로서의 자의식이 등장했던 것이다. 부동의 신 개념이 중요한 것이 아니라, 내가 인식하는 신 개념이 문제가 된다. 신이 존재한다는 것을 내가 어떻게 아는가 하는 주관주의적 인식론이 이전의 개념적 틀을 대체하게 된 것이다. 그러나 이러한 인식론적인 틀은 점점 보다 주관주의적인 일방성의 방향으로 흐르고 만다. 그리고 현대에 이르러서는 보다 일방주의의 극단을 피하려는 변증법적인 틀이 제시되는데, 실존철학(생의 철학), 유물론, 해석학 등 보다 적극적인 반형이상학적 반동들이 그 예이다. 이러한 현대의 흐름은 이전 시대와는 달리 삶의 자리, 사회경제적 상황이 중요한 매개로 등장시켰다. 즉, 존재의 부조리성에 대한 인식을 넘어 상황 안에서 사회와 역사에 참여하여 그 상황을 인식하고 극복하려는 시도로, 보다 쌍방적인 상호관계성이 강조된다는 것이다. 이에 정재현(2005)은 고대와 중세를 '객관주의적 일방성의 시대', 근대를 '주관주의적 일방성의 시대', 그리고 현대를 '쌍방적인 상호관계성의 시대'라고 부른다(pp. 216-217).

이러한 철학적 방법론의 변천사는 신학적 방법론에도 적지 않은 영향을 미쳐 온 것이 사실이다. 현대 신학방법론 논의에서 늘 핵심적인 자리를 차지하는 하버드 신학대학원의 신학자 고든 카우프만(Gordon Kaufman, 1999)은 신학의 방법론을 세 가지로 나누어 보려고 시도한다. 먼저 형이상학에 토대를 둔 객관주의 유형이 1차 신학(first-order theology)이다. 이는 신학이 '있음'의 순서에 따라 존재의 제1원인인 신으로부터 전개될 수 있다는 구도다. 이때 가장 중요한 신학적 주제는 계시(revelation)다. 신이 그 자신을 어떻게 드러내시는가가 가장 중요한 관심사요, 출발점이다. 카우프만이 제시하는 2차 신학(second-order theology)은 근대의 인식론적인 전환 이후에 전개되는 주관주의 유형이라고 볼 수 있다. 즉, '앎'의 순서를 따라 인식 주체로서의 인간에서 신학이 시작되어야 한다는 구도다. 여기서는 계시보다는 이성이 강조되는 개념적 틀이 등장한다. 그러나 항시 2차 신학의 한계가 쉽게 드러난다. 왜냐하면 2차 신학은 여전히 1차 신학의 객관주의에 대한 미련을 쉽게 떨치지 못하고 비교의 논리를 기조로 전개되기 때문이다. 예를 들면, 근대 신학의 단골 주제인 계시와 이성은 늘 긴장적으로 대립한다. 하지만 이러한 신학적 논의는 인간의 땀내 나는 현실, 즉 '삶'과는 동떨어진 사변이 되고 만다는 비판이 제기된다. 인식자로서의 인간은 여전히 모호한 철학적이고 사변적인 개념일 뿐이어서, 실제로 우리가 살아 내야 하는 삶의 현실과 맞닿는 '신학하기'(doing theology)를 위한 방법론이 모색되어야 할 필요성을 느끼기 시작했다. 이를 카우프만은 3차 신학(third-order theology)이라고 하였다. 실제로 이러한 카우프만의 제3의 신학 방법론의 전개에는 일본의 원폭투하 지역인 히로시마를 직접 방문한 이후에 생겨난, 보다 적극적인 삶의 자리에 대한 관심이 반영되어 있다. 이러한 실존적 논의는 그가 1985년에 발간한 『핵시대의 신학(Theology for a

Nuclear Age)』에 잘 드러나 있다. 이를 정재현(2005)은 '있음'에서 '앎'으로, '앎'에서 '삶'으로의 철학적인 시대정신(반형이상학)의 전환을 그대로 반영한다고 본다. 신학적 방법론에서도 '있음'과 '앎'은 대등적인데, 늘 한편으로의 극단적인 치우침을 면하기 어렵다. 이에 보다 긴장적인 관계를 유지하는 '삶'이라는 동시적 순환성을 위한 지평이 등장하면서, 있음과 앎이 어느 한쪽으로 치우치는 것을 보다 통전적으로 재구성할 수 있는 토대가 마련된다.

　카우프만(1981)은 전통적인 신학적 주제인 계시보다 인간의 상상력(imagination)을 새로운 신학의 주제로 제시하면서, 모든 신학은 일차적으로 인간의 상상력의 산물로서 이해되어야 한다고 주장한다. 그는 신학을 단순히 기독교 전통의 재해석이나 번역작업이 아니라 "인간의 삶을 위하여 보다 적당한 방향성을 제공하려는 인간의 상상력의 창조적인 작업"이라고 정의한다(1985, p. 20). 카우프만의 신학은 결국 인간의 현실 가운데 있는 '인간의 삶에 작용하는 방향성'(orientation for human life)을 여실히 보여 주는 3차 신학이 되는 것이다. 제1장에서 다룬 임상현장에서의 '작용적 신학'은 내담자의 내면적 삶에 작용하는 방향성을 탐색한다는 점에서 3차 신학의 좋은 예가 된다. 나는 인간의 '삶'이 신학의 방향성을 제시하는 기본원리로 작용한다는 현대 신학방법론적 변천이 21세기 한국 신학계에 불고 있는 목회 및 실천신학의 새로운 역사에 보다 설득력 있는 해석적 의미를 지니고 있음을 발견한다.

2. 목회신학의 발전: 1차, 2차, 3차 신학과의 만남

목회상담(pastoral counseling)이라는 것은 임상적인 실천(clinical practice)이다. 그렇다면 목회상담- '학'이라는 학문은 어디에서 그 기원을 찾아야 하는 것일까? 미국의 목회상담의 역사로 거슬러 올라가자면 이는 결국 목회신학(pastoral theology)의 발전과 그 맥을 같이한다. 따라서 목회상담이라는 임상적 실천에 대하여 연구하는 목회상담학이라는 학문은 결국 목회신학을 의미하는 것이라고 보아도 과언이 아니다.

미국 현대 목회신학과 목회상담이 발전한 역사를 살펴볼 때, 맨 먼저 시워드 힐트너(Seward Hiltner, 1909~1984)에 대하여 언급하지 않을 수 없다. 시카고대학교에서 학부를 공부하고 박사학위까지 받은 그는 목회 현장에서 10여 년간 목회 및 교단과 관련된 기관사역을 한 후 시카고대학교에서 11년간(1950~1961), 그리고 프린스턴 신학대학원에서 20년간(1961~1980) 교수생활을 한 신학자다. 이 기간 동안 배출된 많은 제자들이 지난 반세기 동안 미국의 주요 신학대학원에서 목회적 돌봄과 상담, 그리고 목회신학 및 실천신학을 가르치는 학자들이 되었다. 우리는 20세기 중반부터 시작된 미국 목회상담이나 목회신학의 발전에 있어서 그의 지대한 영향력을 결코 배제할 수 없다.

나는 현재 한국 목회상담 혹은 기독(교)상담계에 제기되는 몇 가지 용어나 호칭의 문제와 그에 따른 오해를 접할 때마다 목회신학에 대한 힐트너의 고전적인 해석에 귀를 기울이게 된다. 목회상담과 기독상담이 어떻게 다른지, 다르지 않다면 왜 두 가지 용어를 쓰는지 말이다. 힐트너(Hiltner, 1958, 1968)는 일찍이 그의 목회신학을 제시하기에 앞서 '목회적'(pastoral)이라는 단어의 두 가지 정의에 대하여 언급했다. 먼저, 이 단어는 기능적 정의이기 쉽다는 것을 지적했다. 다시 말해, '목회자의'(pastor's)라는 의미로 사용될 경우, 안수받은 목회자가 하는 일들(pastor's jobs)은 모두 목회적이 될 수 있다고 믿는 정의가 될 수 있다는 것이다. 그렇다면 목회자가 하는 일은 과연 모두 목회적인가? 이러한 기능적 정의를 고집하자면, 목회자는 꼭 안수받은 사람만 의미하지 않는다는 것이 전제된다고 하더라도, 적어도 한국적인 상황에서는 목회자가 아닌 사람이 목회상담을 하는 것은 어불성설이다. 하지만 목회자이기만 하면 그가 하는 모든 일이 목회적이 되거나, 그가 하는 모든 상담이 목회상담이 된다는 것 역시 말도 안 되는 억지이다. 이에 기능적 정의 중에서도 포괄기능적 정의가 아닌, 개체기능적 정의를 하려는 시도를 제기하여 볼 수 있다. 이것은, 목회자(목사)라는 사람이 하는 일 모두가 아니라 목사나 교회가 갖는 여러 가지 기능 중에서, 예를 들어 교리문답교육, 설교, 행정 등의 기능들 중에서도 성서적인 목회(poimenics)의 본래 뜻대로 '양떼를 먹이고 돌본다'(shepherding)라는 한 지엽적 기능에 중점을 두는 것을 의미한다. 결국 심방을 하거나 유가족을 위로하거나 위기

시에 상담하여 주는 등의 돌봄의 기능들만이 목회적이라고 정의하는 것이다.

그러나 목회신학자 힐트너의 주장은 단호하다. 이 두 가지 기능적 견해로는 결코 적절한 목회신학을 확립할 수 없다는 것이다. 이유는 말할 것도 없이, 목회자가 하는 모든 일을 다 목회적 혹은 '목양'(shepherding)이라고 보기 어렵고, 뿐만 아니라 여러 가지 일 중에서 심방이나 상담과 같이 간혹 가다가 행하는 지엽적 기능만 진정으로 목회적 또는 목양이라고 규정할 수도 없기 때문이다. 물론 이 두 가지 견해에서 공히 배울 게 있다. 특별히 성서에서 그리스도가 보여 준 사역의 성격을 은유적으로 표현한 목양이란 원래 포괄적이면서 또 구체적으로 구별될 수밖에 없는 개체적인 하나의 카테고리로 이해해야 한다. 그러나 목회적 또는 목양적이기 위해서는 어떻게 할 것인지에 대한 물음이 여전히 남아 있다.

그렇다면 과연 성서에 기초를 둔 **목양**이란 무엇일까? 힐트너에게 목양이란 기능(what to do)의 문제라기보다는 **관점**(perspective)의 문제다(Hiltner, 1968, p. 17). 우리가 어떻게 하는가의 문제(the way we do)라는 것이다. 즉, 목양에서는 어떠한 준비자세(readiness), 어떠한 태도(attitude), 어떠한 견지에서 보느냐(point of view)가 중요한 문제다. 이러한 관점으로서의 목양은 목회적인의 두 가지 기능적 견해를 통합할 수 있는 해결점을 제공한다. 목양이 목사나 교회가 하는 일 전부일 수 있는가? 목양의 관점이 어떻게 이루어졌는지에 따라 목회적인 설교도 가능하고, 목회적인 행정도 가능하다. 하지만 목회자가 어떠한 일을 행할 때 그리스도의 사역을 닮은 준비 자세와 태도, 견지를 갖고 있지 않다면 어떤 일을 하여도 목양이라고 볼 수 없다는 점이 중요하다. 심지어 그가 목회적인 심방과 상담을 행하더라도 그의 기능 자체가 문제가 아니라, 어떻게 하느냐의 문제가 더 중요한 목회적인 혹은 목양의 결정요소가 된다는 것이다. 결국 평신도가 하는 일이 목회적일 수 있냐의 문제도 안수받지 않은 이가 목회의 기능을 수행할 수 있는가의 문제가 아니라, 그리스도가 보여 준 목회적인 관점을 가질 수 있는가의 문제로 전환된다. 이에 목양이 관점이라면, 목양은 늘 기능적으로 '상관관계적'(correlational)이다. 즉, 기능적으로 부분 부분을 따로 보지 않고는 전체를 말할 수 없다는 것이다. 상관관계적 관점은 필요할 때에는 어느 특정한 기능 수행이 가능하다고 보는 입장과 언제나 다시금 전체적인 조화로 복귀한다는 입장을 동시에 제공한다.

결국 목회신학은 이 '목양의 관점'(shepherding perspective)을 연구하는 데서 나오는 학문이다. 마치 유목시대의 은유처럼 보이는 이 목양의 관점에 대해 최근 많은 흑인 신학자들은 시대에 뒤떨어진 매우 개인적이고 상하 수직적인 개념이라고 비판하였다. 예를 들면, 한 흑인 여성신학자는 이 목양의 관점은 미국 흑인공동체에 적용하기에는 지나치게 개인적이고 지극히 협소한 개념이라고 비판한다(Watkins Ali, 1999). 그래서 목양의 관점이 아닌 여성주의적 관점(feminist perspective) 혹은 워머니스트 관점(womanist perspective)을 강조하였다(Miller-McLemore & Gill-Austern, 1999). 사실 이러한 새로운 패러다임(paradigm)이나 세계관(world view) 을 의미하는 관점은 힐트너가 애초에 언급한 관점과는 거리가 있 다(Emerson, 2000, p. 339). 힐트너가 제시한 관점은 인간의 상호 적인 행동이나 기능의 여러 양태, 즉 소통하고(communicating), 조 직하고(organizing), 돌보는(shepherding) 행위들을 운용하는 구체 적인 방식의 문제다. 힐트너의 목양의 관점은 단순히 목자(목회자) 가 한 양(교인)을 어떻게 보는가의 개인적 시각이나 세계관의 문제 이기보다는, 성서에 드러난 목양의 모습을 지금 실천하는 데에 필 요한 다양한 학문적 방법들을 운용하는 새로운 신학하기('doing' theology)를 성찰하는 과정이다. 따라서 목회신학은 당연히 논리 중심 신학이 아니라 보다 구체적인 작용―기능 중심(operation, function-centered) 신학이 된다. 그렇기 때문에 목회신학은 신학의 다른 분야와 다른 점 없이 동일한 신앙의 공동유산(하나님, 인간, 죄, 구원과 같은 개념)을 그대로 사용한다. 그러나 그러한 주제들을 1차 신학 또는 2차 신학적으로 다루기보다는 삶의 현장에서 만나는 내 담자의 죄의 문제, 그의 하나님 인식의 문제로 재해석하는 보다 3 차 신학적인 틀 안에서 성찰한다는 점에서 명확한 차이가 있다.

그럼, 이제 목회신학 또는 기독(목회)상담의 모형을 카우프만의 신학방법론 분류와 연관하여서 살펴보자. 1차 신학적인 기독(목회)상 담의 틀은 전통적인 정통주의 신학의 예에서 찾아볼 수 있다. 이 경 우엔 영원불변의 계시된 진리가 하나님과 인간 사이의 절대적 기준으로 자리 잡고 있기 때문에 내담자의 상황이나 삶으로 매개하기 위한 접촉점을 찾기 어렵다. 지나친 선포 중심의 성서적 상담을 이 예로 들 수 있다. 어떤 상담사는 분노감에 시달리는 내담자에게 일곱 번에 일곱 번을 용서하라고 명하시는 용서의 하나님을 선포한다. 그런 상담사들에게 내담자는 속으로 불평할지도 모른다. '그걸 누가 모르나요? 그리고 제가 그걸 물어본 게 아니에요!' 신학자 틸리히의 언급대로, "인간은 그가 묻지도 않은 질문에 대한 대답을 결코 대답으로서 받을 수 없다."라는 점은 이러한 1차 신학적 기독(목회)상담사에게도 타당한 말이 아닐 수 없다(1951, p. 65). 사실 임상현장에서 내담자들이 묻는 것은 무엇이 아니라 바로 어떻게이다. 그래서 무엇에 주된 초점을 둔 이러한 1차 신학적 상담모형은 '내용 모형'이라고 부를 수 있을 것이다(반신환, 2004).

2차 신학적인 기독(목회)상담은 자연의 질서나 인간의 문제에서 출발하여 그 문제에 대한 해결까지도 자연과 인간 안에서 모색하려는 자유주의 신학과 비견할 수 있을 것이다. 지나치게 심리학적이고 임상적인 접근을 강조하는 이러한 상담방법론은 어떻게라는 방법에 치중한 나머지 질문과 해답이 동일하게 인간으로부터 파생된다는 비판을 받을 수 있다. 이러한 2차 신학적 기독(목회)상담은 늘 일반상담과 무엇이 다른가 하는 정체성 논란에 쉽게 휘말리게 된다. 이러한 '심리 모형'에서는 인간 변화의 궁극적인 주체인 하나님에 대한 '무엇'마저도 심리학이라는 '어떻게'가 대체하게 되므로 2차 신학적인 일방주의나 환원주의의 제한점을 쉽게 드러낸다.

예를 들면, 이러한 2차 신학적 상담방법론에서는 우울증 치료는 기독(목회)상담이든지 일반상담이든지에 관계없이 인지치료가 가장 효율적이라는 '어떻게'에 치중한 나머지, 기독(목회)상담사와 내담자 사이에서 함께 일하시는 '하나님의 실재'라는 '무엇'마저도 뒷전으로 물러나게 하고 인지치료를 쓰느냐 마느냐를 가장 우선하는 방식으로 전환된다는 것이다.

3차 신학적 기독(목회)상담의 방법론은 무엇과 어떻게에 '누가'와 '언제 어디에서'라는 삶의 요소들을 가미한다. 3차 신학적인 상담 현장에서는 상담사 자신이 한 내담자와 바로 삶의 한복판에서 함께 만나 변화의 주체인 하나님에 대하여 공유하는 경험이 중요해진다. 카우프만이 언급한 "인간의 삶을 위하여 보다 적당한 방향성을 제공하려는 인간의 상상력의 창조적인 작업"의 일환으로 신학과 기타 인간 과학이 대화하거나 통합된다. 영어 알파벳 H에서와 같이 전통적인 신학이라는 축과 심리학과 같은 인간과학 혹은 사회과학이라는 또 다른 축을 가운데서 긴장감 있게 붙잡고 통합적으로 만나도록 다리 역할을 하는 것을 목회신학에 비유한다면, 임상적으로도 두 개의 방법론을 양쪽에서 똑같은 거리와 무게를 두고 함께 사용하는 제3의 **통합 모형**으로의 기독(목회)상담 방법을 생각해 볼 수 있다.

목회신학은 단순한 응용신학(one-directional applied theology)만이 아니다. 즉, 이론과 실천을 분리하여 신학대학교에서 배운 지식을 현장에서, 바로 교회나 상담실에서 실천하는 방법에 대한 학문을 의미하지 않는다. 이러한 이론과 실천의 선형적(linear) 혹은 연속적(sequential) 관계는 늘 괴리감과 단절감을 제공한다. '이론은 신학교에서, 실천은 현장에서'라는 등식이 성립되는데, 이러한 등식이라면, 실천 없는 교육이나 이론 없는 현장도 오답이 아니니 문제가 아닐 수 없다. 목회신학은 실천을 성찰하고 이론화하여 다시 실천으로 나아가는 보다 순환적인 해석학적 구조를 가진다. 가장 단적인 예가 기독(목회)상담의 슈퍼비전 과정이다. 기독(목회)상담의 과정은 배운 이론을 적용하고 끝나는 '이론―실천'의 단절을 허용하지 않는다. 늘 기독(목회)상담 사역은 '실천―이론의 재성찰―실천'의 원리로 구성된다(Browning, 1991, p. 39). 단순히 배운 것을 실천적으로 적용해 보는 것만이 아니라, 자기성찰과 실천에 대한 성찰을 통하여 근본적인 이론의 재해석을 도출해 내야 한다는 것이다. 이러한 실천을 통한 이론의 재해석은 다시금 상담 현장으로 돌아갈 때 실천의 밑그림으로 작용하고, 이 때 정기적인 슈퍼비전은 지속적인 재해석의 순환적 기능의 중요한 매개적 역할을 담당한다.

목회신학은 신학적 주제나 기독교의 교리를 삶 가운데 행하는 일을 돕는 사역에서 심리학을 비롯한 다양한 다른 학문분야의 지식을 응용한다. 그러나 기독(목회)상담에서 정신분석과 가족치료 등의 임상방법을 사용한다고 해서, 기능적인 정의를 가지고 기독(목회)상담이 단순히 기독교인이 행하는 정신분석이나 가족치료의 기독교 버전이 되어서는 안 된다. 보다 목회신학적인 틀 안에서 상담적인 실천과 성찰 과정을 통하여 결국 근본적인 신학적인 이해에 창조적인 영향을 주어야 한다. 예를 들어, 전통적인 인간의 죄의 문제를 재성찰하는 것에 있어서 한국적인 상담 현장에서 내가 만난 내담자의 삶 가운데서 정신분석학이나 가족치료 혹은 사회심리학적 도움으로 그가 내면에 가지고 있는 죄의식과 그가 가족적 혹은 사회문화적 구조 가운데 당한 한(恨)의 경험을 돌보는 경험을 가지고 다시금 기독교의 죄에 대한 교리적 이해를 재성찰하는 작업이 바로 목회신학적인 작업인 것이다. 신학자 박승호(1998)가 서구 기독교적인 죄에 대한 단편적 이해를 제3세계의 현장에서의 한(恨)의 개인적 혹은 집단적 경험을 바탕으로 새롭게 재해석한 것은 대표적인 목회신학적인 틀이라고 볼 수 있겠다.

3. 기독(목회)상담 슈퍼비전의 목회신학적 원리와 구성

이제 이러한 목회신학적 틀 안에서 어떠한 신학적 원리로 슈퍼비전을 구성할 것인지를 살펴본다. 힐트너의 목회신학적 원리는 기독(목회)상담사들이 내담자와 만나는 임상 현장에서 내담자가 가지고 있는 하나의 주요 증상(symptom)이나 문제(problem)에서 출발하지 않고 신학적인 주제에서 출발해야 함을 공고히 한다. 기독(목회)상담의 현장에서 상담사는 결국 모두 신학적인 작업을 하는 신학자다. 기독(목회)상담사인 내가 우울증을 가진 한 기독여성을 상담하는 것은 우울증이라는 증상이나 문제를 다루는 임상적 작업일 뿐만 아니라 그 내담자가 잃어버린 기독교적인 '소망'이라는 신학적 주제를 그녀의 삶의 자리에서 재해석하고 결국 소망에 대한 새로운 목회신학적인 재성찰을 시도하게 하는 신학적 작업이다. 기독(목회)상담의 현장에서 많은 임상적 경험을 가지고 있는 목회신학자 혹은 실천신학자들이 다루는 주된 주제는 인간, 죄, 죽음, 가족, 성, 신앙, 자기 인식 또는 하나님 인식 등에 관한 것이다.

나는 기독(목회)상담의 슈퍼비전을 진행하는 지도감독자의 가장 중요한 방향성(orientation)은 그가 어떠한 임상적인 방향성을 견지하는가 하는 데 있지 않고, 그가 어떠한 신학적 자기 인식과 성찰 능력을 가지고 있는가에 달려 있다고 본다. 또한 무엇보다 자신이 슈퍼비전하는 상담사를 하나의 신학자로 인식하는가가 중요한 문제가 된다. 신학 공부를 하지 않고 안수받지 않은 소위 기독(교)상담사를 슈퍼비전할 경우에 그 상담사를 어떻게 신학자로 인식할 수 있냐고 반문할지도 모른다. 이는 목양적 관점이 결코 사역자의 기능적 차원을 의미하지 않는다고 주장한 힐트너가 들으면 무척 섭섭해할 소리다.

힐트너와 그의 제자들도 이미 신학적 성찰방법론인 목회신학을 발전시키는 데서 대별될 수 있는 두 가지 신학과 신학자의 양태를 지적했다. 다시 말해, 신학을 연구하고 가르치는 학문적 신학자(academic theologian)가 있는 반면에, 신학을 교회나 병원 또는 상담실에서 실천하고 다시 재성찰하는 **임상적 신학자**(clinical theologian)가 있다는 것이다(Patton, 1986, p. 129). 나는 언제나 그랬듯이 목회 신학의 장래를 학문적 신학자와 임상적 신학자가 얼마나 긴밀한 유대관계 가운데 상호 협력할 수 있을까의 문제에 달려있는 것으로 본다. 기독(목회)상담이라는 분과가 신학의 한 분과이기는 하지만, 다분히 이론적이거나 학문적인 신학과는 거리를 두는 태도를 가지거나 또는 학문적인 신학자들이 기독(목회)상담 현장에서 일어나는 현상들에 대한 해석적 소리에 둔감하다면, 우리가 살 21세기에 신학이 감당해야 할 시대적 사명에 결코 적절하게 응답하지 못하고 말 것이기 때문이다.

지도감독자의 슈퍼비전에 대한 구성방식과 방향성은 그가 지도 감독할 사례를 어떻게 보는가와도 상관이 있다. 힐트너의 초창기 제자였던 존 패튼(John Patton, 1986)은 우리가 흔히 의학적 모형이나 심리학적 모형에서 그대로 차용하여 쓰는 사례(case)라는 용어를 **목회적 사건(pastoral event)**으로 바꾸어 쓰자고 제안한다(p. 130). 이것은 슈퍼비전의 시작부터 이 사례가 한 내담자와 상담사 사이에서 일어난 목회적 사건임을 강조함으로써 임상적 성찰보다 앞서 진행되어야 할 신학적 성찰의 당위성을 강조하기 위함이다.

내가 미국의 한 목회상담기관에서 임상훈련을 받을 때 나의 지도감독자는 힐트너에게서 마지막으로 박사학위를 받은 샌드라 브라운(Sandra Brown)이었다. 그녀의 슈퍼비전은 늘 다음과 같은 신학적 질문으로 시작되었다. "이 상담 경험을 통하여 생각나는 성경 구절이 무엇인가? 혹은 신학적 주제는 무엇인가?" 슈퍼비전을 시작하면서 신학적 주제에 대하여 이야기를 하며 당시 박사과정을 공부하던 나에게 심지어는 그 주제에 대한 최근 이론적인 조직신학자의 글을 읽어 본 적이 있냐는 질문도 서슴지 않았다. '아니, 뭐 내가 이론신학 전공생도 아닌데, 별일이야.' 라는 생각이 꽤 오랫동안 지속되었다. 그리고 그녀는 항상 슈퍼비전이 끝나 갈 무렵에는 애초에 제기된 신학적인 주제를 상담에서의 경험을 토대로 재성찰하도록 요구하였다. 사실 그녀는 힐트너가 그녀에게 강조한 주문사항을 나에게도 재현하고 있었던 것이었다. 그녀를 통해 다시 나에게 주문된 힐트너의 강력한 메시지는 '생각해라. 그리고 행동해라: 행동해라. 그리고 생각해라!: 그리고 나서 더욱 열심히 생각해라. 그리고 더 많이 행동해라' (Think and Do: Do and Think: And then Think Harder and Do More!) (Brown, 1986, p. 117)였다. 이러한 목회신학적 원리에 의거하여 구성된 슈퍼비전이 다른 일반적인 임상슈퍼비전과 다른 점이 무엇일까? 이를 패튼 (Patton, 1986)은 상담과정에 대한 축어록 중심의 분석보다 목회적 사건에 대한 신학적 성찰에 대한 강조라고 힘주어 말한다(p. 133). 물론 전통적인 신학적 주제를 비판적으로 재성찰하기 위한 목회 신학적 성찰에서는 신학적(영적)인 구조와 더불어 심리학적 구조에 대한 긴장적이고 통합적인 성찰이 필요하다.

4. 목회적 사건(사례) 보고 목차: 임상신학적 성찰

아래는 내가 사용하는 목회신학적인 원리에 따라 구성된 '목회적 사건(사례)에 대한 보고 목차' 다.

1) 임상정보

대략적으로 4부분으로 구성된다. 물론 일반적인 임상정보에 대한 부분이 가장 먼저 등장한다. 이때 축어록은 나머지 3부분에서 성찰하는 해석적 작업에 필요한 정보를 제공하는 상담의 과정 일부를 소개하는 기능을 한다. 필요 없이 한 회기 전체를 풀어 쓰거나, 아니면 성찰할 내용과는 관계없는 부분까지 무절제하게 축어록으로 구성하지 않도록 지도한다.

2) 신학적/ 영적인 구조

두 번째 부분은 신학적 성찰에 대한 부분이다. 내담자에 대한 심리적 구조를 성찰하기에 앞서 먼저 신학적 성찰이 선행된다는 점이 중요하다. 한 인간의 심리, 즉 증상이나 문제를 먼저 보고, '어떻게'를 분석하기보다는 내담자와 상담사, 그리고 이들 사이에 있는 신학적 인식, 즉 하나님의 '있음'과 인간적 '앎' 그리고 그 사이에 변증법적으로 존재하는 '삶'이 어떠한 연관관계에 있는가에 대하여 먼저 관심을 두려는 것이다. 예를 들어, 내담자의 신념 체계를 성찰하여 보고, 내담자의 신념체계와 내담자의 실제적 자기이해, 삶의 방식, 기능 및 행동양식과 일치하는 점과 또 일치하지 않는 점은 무엇인가를 성찰한다. 그래서 그 내담자 자신만의 '삶'의 자리에 대한 관심으로 신학적 성찰을 시작한다. 이러한 신학적 성찰에서 상담사 자신의 신학적 인식 또한 중요한 성찰의 요소가 된다. 여기에서 이 상담 경험을 통하여 떠오르는 어떠한 신학적 개념이나 주제 그리고 성경 구절 등을 가지고 재성찰을 위한 준비과정으로 삼는다. 그러고 나서 내담자와 상담사 사이에서 발생하는 목회적인 작용(pastoral operation)을 성찰하고, 이러한 상호적 경험이 그들 각자의 신념체계, 하나님 인식 등에 어떠한 영향이나 도전을 주었는지에 대하여 깊이 성찰하도록 인도한다. 이 신학적 성찰 부분에서 임상적 신학자(clinical theologian)로서 지도감독자가 수행해야 할 중요한 과제는 한 개인의 '삶' 한복판에서 일어난 사건과 상담이라는 목회적 사건이 얼마나 하나님의 실재(있음)와 내담자의 인식체계(앎) 사이에서 괴리감을 낳고 있는가에 대한 심도 있는 성찰을 유도하는 것이다. 이것이 중요한 이유는 피지도자의 상담이 1차 신학적 상담이나 2차 신학적 상담을 뛰어넘을 수 있는가의 관건이 여기에서 신학적 성찰의 첫 단추를 어떻게 끼우는지와 깊은 관련이 있기 때문이다.

3) 심리적 구조

세 번째 부분은 내담자의 심리구조에 대한 성찰로서, 기타 일반 상담이나 심리치료의 슈퍼비전에서 볼 수 있는 임상적 평가와 크게 다르지 않게 구성된다. 전이와 역전이에 대한 평가, 상담관계에서의 긍정적 혹은 부정적 분기점, 임상단계에 대한 평가, 정신 장애적인 진단, 치료계획 및 전략 등으로 구성된다.

4) 목회적 전망

결론적인 네 번째 부분은 목회적 전망, 즉 힐트너가 언급한 '목양의 관점'에 관한 성찰이다. 본 상담에서의 상호적 경험이 자신의 신학적인 토대로부터 출발한 상담사 자신의 신학적 평가에 어떠한 재성찰을 하도록 요구하는가를 묻는 것이다. 지극히 중요한 슈퍼비전의 결론적 성찰은, 어떻게 본 상담경험이 상담사의 기독(목회)상담을 기독적 혹은 목회적이 되도록 하였는가(what makes your Christian/pastoral counseling 'Christian' or 'pastoral'?)를 깊이 성찰하도록 돕는 일이다. 바로 이것이 기독(목회)슈퍼비전의 목적이요, 다시 현장을 향하여 새로운 실천을 위하여 나가는 상담사에게 힘을 더하여 주는 이론적 재성찰의 팡파르가 아닐까?

목회적 사건(사례) 보고 목차

1. 일반적인 임상정보: 이름(가명), 나이, 성별, 혼인 여부(자녀), 종교, 상담경험 여부, 현 상담 횟수

(1) 상담에 임하면서 내담자가 제시한 문제들

(2) 내담자의 개인적 역사/가족사(필요하면 가계도)

(3) 임상적 평가(초기 관찰, 진단 및 상담의 목표설정)

(4) 상담과정 요약 및 축어록

2. 신학적/ 영적인 구조

• 내담자의 신학적/영적인 인식

(1) 내담자의 신념이나 인식체계: 내담자의 내면적 삶에서, 내담자와 타인 및 하나님과의 관계에서 무엇에 가장 큰 의미를 부여하는가?

(2) 내담자의 신념/인식체계가 내담자의 실제적 자기이해, 삶의 방식, 기능 및 행동양식과 일치하는 점과 또 일치하지 않는 점이 있다면 그것은 무엇인가?

• 상담사의 신학적/영적인 인식

(1) 내담자와의 임상과정 중에 혹은 치료적 개입을 계획하면서 떠오르는 성경의 구절이나 신학적 개념/이미지들은 무엇인가?

(2) 상담사의 신학적/ 영적인 인식: 내담자와의 치유과정에 참여하면서 본 사례(목회적 사건)를 통하여 어떠한 신학적/영

적인 의미를 해석하게 되는가?

- 상담사와 내담자와의 관계에서의 신학적/영적인 구조

(1) 내담자의 신념/인식체계와 함께 작용하는 당신의 신념체계, 신학, 영성은?

(2) 본 상담경험이 내담자의 신념/인식체계를 어떻게 명확히 하고 확대시키거나 도전하는가? 그리고 상담사의 신념/인식체계를 명확히 하고 확대시키거나 도전하는 부분이 있다면?

3. 심리적 구조

(1) 내담자에게 작용하는 심리적 요소는 무엇인가? 어떠한 심리적 전이(transference)가 일어났는가?(구체적 예가 도움), 그리고 상담사는 상담에 어떻게 이를 다루고 이용했는가?

(2) 상담사에게 작용된 심리적 요소는 무엇인가? 무엇이 상담사의 편에 서도록 했으며, 무엇이 멀어지게 하거나 가장 효과적으로(혹은 비효과적으로) 상호작용하게 하였는가? 어떠한 심리적 역전이(counter-transference)가 일어났는가?(구체적 예가 도움) 그리고 상담사는 상담에 어떻게 이를 다루고 이용했는가?

(3) 내담자와의 관계에 영향을 미친 가장 긍정적인(혹은 가장 부정적인) 분기점(turning point)이 있었는가? 어떠한 심리적 구조가 이런 주요한 분기점이 일어나도록 했다고 생각하는가?

(4) 현재의 상담이 어떠한 임상적 단계에 있다고 생각하는가? (초기, 중기, 말기, 종료) 어떻게 상담사가 각 단계를 이해하고, 단계마다 어떠한 치료적 개입을 했는지 요약한다면? 어떠한 개입이 지속되어야 하는지, 그 이유는? 또 어떠한 개입은 변경해야 한다고 생각하는지, 그 이유는?

(5) 정신장애적 진단을 한다면? (DSM-IV)

(6) 다음 단계를 위한 치료계획, 전략과 목적은?

4. 목회적 전망

(1) 내담자와의 관계에서의 자살방지계약, 비밀보장이나 이중관계의 문제 등 윤리적인 경계 문제들(boundary issues)이 있었는가? 이 문제들에 어떻게 대처하였는가?

(2) 내담자의 치료적 관계를 평가하면서 상담사가 자신에 대해 새롭게 느끼고 배운 점이 있다면? 기독(목회)상담사로서의 본인의 성장에 대해 새롭게 느끼고 배운 점은?

(3) 지도감독자(supervisor)나 동료들로부터 도움을 받고 싶은 영역은 무엇인가?

(4) 본 상담경험이 신학적, 영적인 토대에 기초하는 상담사의 기독(목회)상담에 대한 이해를 돕고, 새롭게 하고, 또한 도전하였는가? 다시 말해, 어떻게 본 사례(목회적 사건)가 상담사의 기독(목회)상담을 기독적/목회적이 되도록 하였는가(what makes your Christian/pastoral counseling Christian/pastoral)를 평가하라.

5. 나가는 말

인류사에서 신학의 방법론은 실재와 방법 사이에서 일방적인 편향성을 지닌 채 자주 극단의 모습을 취하여 왔다. 이러한 신학은 인간의 삶을 배제한, 추상적이거나 관념적인 논리 구성으로 끝나고 만다. 다시 말해, 실재가 무엇과 있음에 해당하고, 방법이 어떻게와 앎에 해당한다고 할 때, 오늘 우리가 여기에서 만나는 한 인간의 삶의 자리는 설 곳이 없다. 이에 나는 카우프만의 대안적인 3차 신학적 신학방법론을 제시하면서, 목회현장에서 경험하는 내담자의 삶의 한복판에서 신학적 성찰을 시도하는 목회신학적 방법론을 3차 신학과 연관하여 고찰하고자 하였다.

기독(목회)상담을 연구하는 일은 목회신학적인 작업이다. 기독(목회)상담의 현장에서 모든 상담사는 임상신학자이고, 이러한 임상신학자의 신학적 성찰을 돕는 장이 바로 슈퍼비전이다. 다시 말해, 목회신학에 기초를 둔 슈퍼비전은 상담 현장에 있는 기독(목회)상담사로 하여금 기본적인 신학적 이해의 비판적인 재해석을 위하여 자신의 임상경험을 컨텍스트로 하는 신학적인 성찰이 가능하도록 하는 데 근본적인 목적이 있다.

이러한 기독(목회)상담의 슈퍼비전은 두 가지 영역에서 크게 공헌하리라고 본다. 첫 번째는 임상적 공헌이고, 두 번째는 학문적 공헌이다. 먼저 목회신학적인 원리로 구성되는 슈퍼비전의 실천은 수많은 임상적 실천 체계 가운데서 기독(목회)상담을 과연 어떻게 기독적 혹은 목회적이게 할 수 있을까에 대해 성찰하는 과제에 주력하게 하고, 궁극적으로는 기독(목회) 상담의 정체성을 확립하는 데 중요하고도 지속적인 일조가 될 것이다. 뿐만 아니라, 신학의 학문적 발전이라는 측면에서는 슈퍼비전에서 진행되는 신학적 주제들의 재성찰은 우리 시대가 이 땅에서 필요로 하는 기독교 신학의 재구성을 위하여 가장 현재적이고 현장적인 재해석의 자료들을 제시하는 남다른 공헌을 할 것이다. 그간 신학이라는 학문이 걸어온 하나님의 '있음'이나 인간의 '앎'으로만 치닫는 폐쇄적인 일방주의를 넘어서 이제 삶으로의 적절한 방향성을 제시하는 새로운 신학적 과제가 현장에서 땀 흘리는 임상신학자들, 바로 이 땅의 기독(목회)상담사들로 하여금 완성되어 가기를 간절히 소망한다.

"나는 아직도 기독(목회)상담을 몰라요!"

미국에서 오랜 학위과정과 임상훈련을 마친 후 한국으로 귀국하여 한 학기를 마치고, 나의 임상을 지도해 주었던 샌드라 브라운 교수에게 감사의 이메일을 보낸 적이 있다. 한 학기 동안 지도감독자로서 기독상담센터에서 인턴과 레지던트 상담사를 지도하고 난 후, 나는 내가 중점적으로 지도한 '신학적인 성찰'에 대하여 많은 감사의 인사를 받았다. 나는 이 감사가 당연히 나를 지도한 브라운 교수에게 돌려져야 한다고 믿었다. 감사의 이메일 끝에 나는 "당신 덕분에 이제 기독(목회)상담에 대하여 아주 조그마한 부분(a tiny piece of pastoral counseling)을 알 것 같다."라는 말을 적었다.

브라운 교수에게 온 답신은 제자를 자랑스러워하는 스승의 벅찬 기쁨이 흠뻑 묻어났다. 그러나 그녀의 마지막 말은 아직도 내게 기독(목회)상담사의 미래에 대하여 깊은 사색에 빠지도록 인도한다. 그녀는 답신의 끝에 다음과 같은 말을 적었다. "나는 늘 너를 자랑스럽게 여긴다. 그리고 이제 네가 정말 부럽구나! 왜냐하면 난 아직도 기독(목회)상담을 모르겠어서 말이야!"

아이고, 두(頭)야!! 나는 할 말을 잊었다. 물론 나는 얼굴이 후끈 달아올랐고, 즉시 나의 임상적인 교만을 내려놓았다. 하지만 나는 이 말을 그저 엄한 선생이 한 교만한 제자를 꾸짖기 위하여 역설적으로 하신 말씀 이상으로 받아들였다. 30여 년 동안 지도감독자와 센터의 소장으로 일하여 온 브라운 교수는 수많은 동료 상담교수들도 한 수 접어 주는 최고의 임상적인 실력을 가진, 실로 달인의 경지에 있었던 상담사였다. 왜 그녀는 아직도 기독(목회)상담을 알지 못하겠다고 고백했을까?

그녀의 말은 나로 하여금 기독(목회)상담사의 자세에 대하여 보다 심도있는 신학적인 성찰을 하도록 인도했다. 30여 년 동안 하여도 감이 안 오는 상담을 여러분은 할 수 있겠는가? 최고의 자격증이나 박사학위를 따고 상담을 쉬지 않고 해도, 하면 할수록 아직도 모르는 상담은 과연 제대로 된 상담일까? 이는 기독(목회)상담의 정체성의 중요한 한 단면을 보여 준다. 기독(목회)상담은 막다른 골목에서 다시 시작하는 상담이다. 인간의 끝장이 신의 시작을 알린다. 최근 임상적인 문헌을 보면, 내담자나 환자의 변화를 촉진하는 데 임상적인 돌봄을 제공하는 상담사, 치료사 또는 의사들의 '소망'(hope)이 치료나 변화에 매우 절대적인 역할을 한다는 의견에 동의한다(Hubble, Duncan, & Miller, 1999). 의사가 '나는 결코 고치지 못할 거야.' 라며 소망 없이 하는 수술과 '나는 꼭 고칠 수 있을 거야.' 라는 임상적인 소망을 가지고 하는 수술은 분명 질적인 차이를 만들어 낸다. 기독교의 중요한 신학적인 주제인 '소망'은 이제 상담과 치료에서 중요한 임상적 개념이 된다.

기독교에서의 소망은 '종말론적인 미래'에 대한 소망을 강조한다. 기독교의 '종말'은 두 가지로 대별된다. 이는 미래(future)와 도래(advent)다. 장차 올 미래는 이론과 경험으로 예측이 가능한 미래다. 여기에 비해, 도래는 전혀 예측할 수 없는 신(예수)의 도래를 의미한다. 일반 상담사와는 달리, 기독(목회)상담사는 미래뿐 아니라, 도래에 대한 소망을 가진다. 일반 상담사는 자신이 배운 임상적인 지식과 경험한 미래에 대한 예측을 바탕으로 상담을 구성한다. 그러나 기독(목회)상담사는 전혀 알 수 없는 도래에 대하여서 주의를 기울이고 소망을 가지기에 '아직도 미래를 모르는 상담'이 두렵지 않다. 왜냐하면 내담자의 미래나 상담의 결과가 마치 캄캄한 암흑과 같아도 기독(목회)상담사는 신의 도래에 대한 종말론적인 소망(eschatological hope)을 가질 수 있기 때문이다(Dykstra, 1997).

그래서 기독(목회)상담사에게는 예측이 가능한 종말도, 상담의 완벽한 완성도 쉽게 이루어지지 않는다. 끝은 여전히 열려 있고, 그 열린 끝은 신의 도래와 맞닿아 있다. 임상적 지식과 경험이 고갈되어 불안해진 상담사는 오히려 이제 신이 하실 일을 더욱더 기대하고 소망하며 상담을 진행할 수 있다. 책을 마치면서, 나는 오히려 끝을 열어 놓고 싶다. 기독(목회)상담은 마침표를 찍고 완성하여야 하는 그 무엇이 아니다. 이는 결코 자격증으로도 박사학위로도 완성되지 않는다. 하나님을 바라고 소망하는 상담사는 미래를 전혀 예측할 수 없는 막다른 현실에서도 오히려 의연하게 소망을 가진다. 그래서 아직도 모르는 상담이 가장 소망이 있고, 이 소망 때문에 우리는 상담의 현실 한가운데로 도래하는 하나님을 내담자와 함께 경험한다. 그래서 이런 마지막 고백이 어울리겠다. "나는 아직 기독(목회)상담을 모르겠어요. 그래서 더욱더 소망을 가지게 되지요."

한국기독교상담 · 심리치료학회 상담사 자격규정

기독교(목회)상담사 자격시험 및 자격심사 시행세칙

제1장 총 칙

제1조 (목적) 본 규정은 한국기독교상담 · 심리치료 학회가 수여하는 기독교(목회)상담 · 심리치료사 2급, 1급 및 전문 기독교(목회)상담 · 심리치료사의 자격을 규정하는 것을 목적으로 한다.

제2조 (정의)

1. 기독교상담 · 심리치료사

기독교상담 · 심리치료사라 함은 세례를 받은 기독교인으로서 한국 기독교상담·심리치료 학회가 인정하는 소정의 학점을 이수한 후 자격시험에 합격하고 수련 과정을 거쳐 자격심사에 통과한 자를 말한다.

2. 목회상담·심리치료사

목회상담·심리치료사라 함은 목사안수를 받은 자로서 한국 기독교상담·심리치료 학회가 인정하는 소정의 학점을 이수한 후 자격시험에 합격하고 수련 과정을 거쳐 자격심사에 통과한 자를 말한다.

3. 기독교(목회)상담·심리치료 전문가

기독교(목회)상담·심리치료 전문가라 함은 신학을 전공하거나(M.Div 혹은 이에 준하는 과정을 이수한 자) 또는 상담관련 전공자로서 박사학위 혹은 이에 준하는 과정을 이수한 자로 한국 기독교상담·심리치료 학회가 인정하는 소정의 과정을 이수한 후 자격시험에 합격하고 자격심사에 통과한 자를 말한다.

4. 기독교(목회)상담·심리치료 감독자(슈퍼바이저)

기독교(목회)상담·심리치료 감독자라 함은 상담관련 전공자로서 박사학위 혹은 이에 준하는 과정을 이수하고 상담사를 지도, 감독할 수 있는 자격을 가진 자로 한국 기독교상담·심리치료 학회가 인정하는 소정의 과정을 이수한 후 학회 자격심사위원회와 집행 위원회의 자격심사에 통과한 자를 말한다.

제2장 자격규정, 자격시험, 수련과정 및 자격심사

제3조 (구분) 기독교(목회)상담사의 자격은 다음과 같이 구분한다.

1. 기독교상담·심리치료사 2급
2. 목회상담·심리치료사 2급
3. 기독교상담·심리치료사 1급

4. 목회상담 · 심리치료사 1급

5. 기독교(목회)상담 · 심리치료 전문가

6. 기독교(목회)상담 · 심리치료 감독자(슈퍼바이저)

제4조 기독교(목회)상담 · 심리치료사 2급: 기독교(목회)상담 · 심리치료사의 자격요건은 다음과 같다.

1. 세례를 받은 기독교인이어야 한다.

2. 한국 기독교상담 · 심리치료 학회가 인정하는 대학원 및 이에 준하는 상담기관(본 학회 기관회원)에서 총 24학점 이상을 이수한 자

3. 본 학회가 주관하는 자격시험에 통과한 자

4. 본 학회가 인정하는 기독교(목회)상담 · 심리치료 전문가의 지도 아래 총 50시간 이상 [개인지도 혹은 교육분석 20시간, 집단지도 30시간]의 실습교육을 받은 자

 단, 임상목회실습(CPE) 1Unit의 실습교육을 받은 자나 전임 목회경력 3년 이상인 자는 집단지도 20시간을 면제받을 수 있다.

5. 본 학회의 자격관리위원회의 심사를 통과한 자

제5조 기독교(목회)상담 · 심리치료사 1급: 기독교(목회)상담 · 심리치료사의 자격요건은 다음과 같다.

1. 한국 기독교상담 · 심리치료 학회에서 인정하는 석사학위과정을 이수한 자로서, 상담관련 과목 총 24학점 이상을 이수한 자 또는

2. 2급 자격증을 가진 후 가진 후 2년 이상의 상담 현장에 종사하며 상담관련 과목 12학점을 추가로 이수한 자

3. 본 학회가 주관하는 자격시험에 통과한 자

4. 본 학회가 인정하는 기독교(목회)상담 · 심리치료 전문가의 지도 아래 총 100시간 이상 [개인지도 40시간, 집단지도 60시간]의 실습교육을 받은 자(2급 자격증을 소지한 자는 30시간 인정).

단, CPE 1Unit의 실습교육을 받은 자나 전임 목회 경력 3년 이상인 자는 집단지도 20시간을 면제받을 수 있다.

5. 본 학회의 자격관리위원회의 심사를 통과한 자

제6조 기독교(목회)상담 · 심리치료 전문가

1. 다음의 항목 중 하나에 해당한 자

가. 대학원에서 상담학을 전공한 자로서 박사학위를 취득한 자

나. 본 학회에서 동등자격(이상)이 있다고 인정한 자

다. 1급 자격을 가진 후 5년 이상의 상담 현장에서 종사하여 상담관련 과목(연장 교육) 24학점 이상을 추가로 이수한 자

2. 지도 · 감독 받은 상담 경력이 150시간 이상이 되고, 기독교(목회)상담 · 심리치료 전문가로부터 교육분석이나 집단상담이 40시간 이상 있는 자

단, CPE(1년) 과정(혹은 원목 및 이에 준한 임상경험)을 수료(입증)한 자 혹은 전임 목회 경력 5년 이상인 자는 70시간의 상담 경력을 인정한다.

3. 본 학회가 주관하는 자격시험에 통과한 자

제7조 기독교(목회)상담 심리치료 감독자(슈퍼바이저)

1. 전문가 자격을 받은 후 3년 이상 이 분야에 종사한 자

2. 전문가 자격을 받은 후 500시간 이상의 상담 경력이 있는 자

3. 전문가 자격을 받은 후 학회지에 1회 이상 논문을 기고하고, 학회(지역학회 포함)에서 1회 이상 슈퍼비전 사례발표를 한 자

4. 학회 자격위원회와 상임위원회의 심사를 통과한 자

제8조 (자격시험 및 과목) 자격시험의 형태와 과목은 자격의 종별에 따라 학회가 정하는 바에 따른다.

제9조 (자격시험 시행세칙) 자격시험에 관한 세부사항은 기독교(목회)상담 · 심리치료사 자격시험 시행 세칙에 따른다.

제3장 자격의 유지

제10조 (계속교육의 의무) 자격증을 수여 받은 자는 본 학회의 임상 및 교육위원회가 시행하는 계속교육 세미나에 참석해야 하며, 부득이하게 참여하지 못할 시는 사전 또는 사후에 사유서를 제출해야 한다 (3회 이상 무단 불참 시는 임상 및 교육위원회의 의뢰를 받아 자격관리위원회가 자격유지 여부를 심의한다).

제11조 (윤리강령 준수의 의무) 자격증을 수여 받은 자는 자격관리위원회가 정한 윤리강령을 준수해야 하며 이를 위반할 경우, 자격심사위원회에서 자격유지 여부를 심의한다.

제12조 (회비 납부의 의무) 자격증을 수여 받는 자는 학회가 정하는 일정한 금액의 자격증 등록비를 납부해야 한다.

제4장 자격심사 위원회

제13조 (자격관리위원회의 구성) 자격관리위원회는 3인 이상의 위원으로 구성하며, 본 학회의 자격관리위원회 위원장이 구성한다.

제14조 (자격관리 위원의 자격) 자격관리 위원은 기독교(목회)상담 · 심리치료 전문가 중에서 선임한다.

기독교(목회)상담사 자격시험 및 자격심사 시행세칙

제1조 (자격시험 및 심사) 본 자격시험은 연 1회 실시함을 원칙으로 하며, 시험일자, 장소 및 기타 사항은 시행 3개월 전에 본 학회의 회장이 공고한다.

제2조 (출제위원) 출제위원은 본 학회의 기독교(목회)상담 · 심리치료 전문가 중에서 선임한다.

제3조 (특별교육) 자격관리위원회는 매년 자격시험 전에 수험생을 위한

특별교육을 실시할 수 있다.

제4조 (합격점수) 합격은 과목별 60점 이상이어야 한다.

단, 불합격자라 하더라도 60점 이상 얻은 과목에 대해서는 차기 시험 3회까지 그 과목의 시험을 면제받을 수 있다.

제5조 (응시서류) 본 자격시험에 응시코자 하는 자는 다음의 서류를 응시료와 함께 제출하여야 한다.

1. 기독교(목회)상담 · 심리치료사 2급

가. 응시원서(소정양식)

나. 최종학위 증명서, 졸업증명서

다. 기독교(목회)상담 · 심리치료 전문가의 슈퍼비전 또는 교육분석 증명서

2. 기독교(목회)상담 · 심리치료사 1급

가. 응시원서(소정양식)

나. 최종학위 졸업증명서 (단, 목회상담 · 심리치료사의 경우 목사안수 증명서)

다. 기독교(목회)상담 · 심리치료 전문가의 슈퍼비전 또는 교육분석 증명서

3. 기독교(목회)상담 · 심리치료 전문가

가. 응시원서(소정양식)

나. 박사학위 증명서 혹은 이에 준하는 증명서

다. 기독교(목회)상담 · 심리치료 전문가의 슈퍼비전 또는 교육분석 증명서

제6조 (면접심사) 자격시험을 마친 사람은 최종적으로 자격관리위원회의 면접심사를 거쳐야 한다.

제7조 (면접심사 시 제출서류) 기독교(목회)상담 · 심리치료사 자격을 인정받고자 하는 자는 다음의 서류를 제출하여야 한다.

1. 자격시험 합격증서

2. 대학원 및 상담기관에서 이수한 학점(총 24학점) 증명서

3. 개인지도나 교육분석을 맡았던 기독교(목회)상담·심리치료 전문가 1인의 추천서

4. 상담 사례분석 보고서(5회 이상 상담한 사례 1개. 단, 5회 상담 중 1회분은 녹음 또는 녹화된 테이프 제출)

기독교(목회) 상담·심리치료 전문가

제1조 (제출서류) 기독교(목회)상담·심리치료 전문가 자격을 인정받고자 하는 사람은 다음의 서류를 제출해야 한다.

1. 응시원서(본원 소정양식)

2. 기독교(목회)상담·심리치료사 자격증 사본

3. 박사과정 또는 이에 준하는 과정에서 취득한 학점(24)에 대한 증명서류 (담당교수 이름이 명시된 성적증명서)

4. 상담 경력을 증명할 수 있는 서류(본 학회가 인정하는 상담기관 장 혹은 지도감독자가 발행한 증명서)

5. 이력서

6. 기독교(목회)상담·심리치료 전문가의 슈퍼비전 또는 교육분석 증명서

제2조 (면접심사) 기독교(목회)상담·심리치료 전문가 자격을 인정받고자 하는 자는 자격관리위원회의 면접심사를 통과해야 한다. 단, 첫 회의 자격심사는 자격관리위원회의 내부규정에 따른다.

한국목회상담협회 자격 및 심사규정

제1장 총칙

제1조(목적)

본 규정은 한국목회상담협회가 수여하는 목회상담사, 기독교상담사, 그리고 기관회원의 자격을 규정하는 것을 목적으로 한다.

제2조(정의)

1. 목회상담사는 교육부가 인정하는 또는 이에 준하는 (예: 미국 ATS가 인준한) 신학 대학원에서 목회학 석사(M.Div.) 또는 신학석사(Th.M.) 학위 과정을 졸업한 자로서 신학적 관점을 견지하며 한국목회상담협회가 인정하는 상담교육 및 슈퍼비전을 받은 후 본 회의 자격심사위원회의 심사를 통과하여 각 자격기준에 부합되는 자격증을 가지고 상담 활동하는 자를 말한다.

2. 기독교상담사는 세례를 받은 기독교인으로서 지역교회에 정기적으로 출석하는 자로서 기독교적인 관점을 견지하며 한국목회상담협회가 인정하는 대학 및 기관회원 기 관에서 소정의 상담 관련 학점을 이수하고 슈퍼비전을 받은 후 본 회의 자격심사위원회의 심사를 통과하여 각 자격기준에 부합되는 자격증을 가지고 상담 활동하는 자 를 말한다.

3. 기관회원은 본 회의 전문가 이상이 책임자로 있으면서 본 회의 자격심사위원회의 심사를 통과하여 인준 받고 목회상담적 입장에서 상담과 교육을 하는 상담기관이나 단체를 말한다.

제3조(등급) 목회상담사 및 기독교 상담사의 등급은 다음과 같다.

1. 목회상담사 2급(Pastoral Counselor)

2. 기독교상담사 2급 (Christian Counselor)

3. 목회상담사 1급(Pastoral Counselor)

4. 기독교상담사 1급(Christian Counselor)

5. 목회상담 전문가 (Pastoral Counseling Specialist)

6. 기독교상담 전문가 (Christian Counseling Specialist)

7. 목회상담 감독(Pastoral Counseling Supervisor)

8. 기독교상담 감독(Christian Counseling Supervisor)

제2장 자격심사위원과 자격시험

제4조(자격심사 위원)

1. 자격심사위원은 감독회원 중에서 5인 이상의 위원으로 구성한다.

2. 자격심사위원은 자격심사위원장이 운영위원회에 추천하여 인 준을 받는다.

제5조(자격시험)

1. 자격시험과목은 목회상담방법론, 목회상담과 현대상담이론, 목 회상담과 정신역동이론, 목회상담과 현대심리치료, 목회상담과 가족치료, 목회임상과 진단 등이며 목회 임상과 진단은 교육으 로 대치할 수 있다.

2. 자격시험과목은 교육위원회가 2년에 한 번씩 검토하여 변경할 수 있으며 변경이 있을 경우에 최소한 1년 전에 그 내용을 공고 하여야 한다.

3. 자격시험은 연 2회, 4월과 10월 중에 실시함을 원칙으로 한다.

4. 출제 위원은 자격심사 위원회가 위촉한 각 분야의 전문가에게 1 개 과목을 위촉하여 문제 은행 형태로 출제한 후 자격심사위원 장의 최종 검토를 거쳐 출제한다.

5. 교육 위원회는 매년 2월과 8월 중에 수험생을 위한 교육 세미나 를 실시할 수 있다.

6. 합격은 과목별 60점 이상이어야 한다. 단, 불합격자라 하더라도

60점 이상 얻은 과목에 대해서는 5년 동안 그 과목의 시험을 면 제받을 수 있다.

7. 자격시험에 응시하려는 사람은 본 협회의 회원이 되어야 하며 응시원서와 협회 회원증 사본을 제출해야 한다.

제3장 목회/기독상담사 자격 응시 과정

제6조(목회/기독교 상담사-2급)

1. 목회상담사 2급

1) 응시자격: 다음의 항목들 중에서 한 항목 이상에 해당하는 자

가. 교육부가 인정한 신학대학원 또는 미국의 ATS가 인정한 신학대학원에서 상담 관련 과목을 12학점 이상 이수한 자

나. 신학대학이나 유사 전공학부에서 상담 전공으로 졸업한 자

다. 대학 혹은 대학원에서 신학 전공 졸업자로 본 회의 교육기관회원으로 인준된 기관에서 상담관련 과목 24학점 이상 이수한 자(본 회가 인정하는 사회교육 원 혹은 평생교육원에서 12주 이상 강의하는 과목을 수강한 경우에는 1주에 한 시간을 1학점으로 인정받을 수 있으며 총 12학점까지 인정받을 수 있다)

라. 본 회가 주관하는 자격시험에서 전 과목을 합격한 자

2) 제출서류

가. 응시자격 1)항에 해당되는 사항에 대한 증빙서류

나. A4지 2쪽 이상의 신앙고백서

다. 출석교회의 목회자 추천서

라. 자격심사지원서(소정양식)

마. 본 회의 일반회원 증명서 사본

3) 보수교육: 응시자는 본 회가 주관하는 보수교육을 이수해야 그 자격이 인정된다.

2. 기독교상담사 2급

모든 것은 목회상담사 2급과 같으나 신학을 전공하지 않은 사람은 기독상담사 2급에 응시할 수 있다.

제7조 (목회/기독교상담사–1급)

1. 목회상담사 1급: 아래의 모든 사항을 충족시켜야 한다.

1) 응시자격: 다음의 모든 조건을 충족시켜야 한다.

(1) 전공과 상담관련학점 이수: 다음의 두 항목을 모두 충족시켜야 한다.

가. 교육부가 인정한 신학대학교(혹은 신학대학원) 또는 미국의 ATS가 인정 한 신학대학원에서 학위를 받은 자

(2) 상담관련학점 이수: 다음 항목들 중에서 한 가지 이상에 해당하는 자

가. 교육부가 인정한 대학원 석사과정 이상에서 상담관련 과목을 24학점 이상 이수한 자(신학대학원에서 수강한 상담관련 과목을 인정받을 수 있음)

나. 본 협회의 교육기관회원으로 인준된 기관에서 상담관련 과목 36학점 이상 이수한 자(사회교육원 등에서 공부한 과목으로는 20학점까지 인정받을 수 있으며, 본 협회 혹은 목회상담학회 정기학술대회에 참석하여 확인증을 받으면 1학점을 인정받을 수 있음)

(3) 개인분석: 협회 소속 전문가나 감독 또는 자격심사위원회가 인정할 수 있는 자격을 갖춘 자에게 24시간 이상의 개인분석을 받은 자

(4) 슈퍼비전: 50시간 이상의 개인슈퍼비전과 50시간 이상

의 집단슈퍼비전을 받은 자

가. 슈퍼비전은 본 회의 감독에게 받아야 하며 본 회의 전문가에 슈퍼비전을 받을 경우에는 그 전문가는 감독회원의 슈퍼비전을 반드시 정기적으로 받아야 한다. 이 경우 슈퍼비전 시간 확인서에는 전문가와 감독의 사인이 함께 날인되어야 한다.

나. 인접 협회의 감독에게 슈퍼비전을 받을 경우에는 본 회의 자격심사위원장의 사전 허락을 받아야 하며, 그 경우에는 슈퍼비전 시간의 1/3만을 인정받는다.

다. 개인슈퍼비전은 최소한 2명 이상의 감독에게 받되 최소한 1명의 감독에게는 25회 이상 받아야 한다.

라. 개인슈퍼비전은 최대 2명까지 1조가 되는 것을 인정한다.

마. 임상목회훈련 1 Unit으로 집단슈퍼비전 50시간을 인정받을 수 있다(1 unit은 200시간 이상 기준이며 200시간 이하일 경우에는 퍼센트로 계산하여 인정함).

바. 본 협회의 월례사례발표회에서 발표하면 매회 3시간의 개인슈퍼비전 시간을 인정받을 수 있으며 월례사례발표회에 참석하면 매회 2시간 집단슈퍼비전 시간을 인정받을 수 있다.

(5) 협회가 주관하는 자격시험에 전 과목을 합격해야 한다.

2) 제출서류들

(1) 자격심사지원서(소정양식)

(2) 위의 응시자격의 (1)항에 해당되는 증빙서류

(3) 기간이 명시된 개인분석을 받은 증명서

(4) 슈퍼비전을 받은 증명서(소정양식) 및 슈퍼비전 참가 확인증

(5) 과목시험합격증명서(본 회 발행)

(6) 상담사례보고서: 5회 이상 상담한 사례의 보고서를 제출해야 한다.

(7) 신학적 에세이 제출: 자신의 신학적 관점을 밝히고 자신의 신학이 목회상담에 어떻게 적용되는지에 대한 내용을 담은 3쪽 이상의 신학적 에세이.

3) 면접심사: 1급 응시자는 자격심사위원회의 면접심사를 통과해야 한다.

2. 기독교상담사 1급

1) 응시자격: 신학대학교나 신학대학원이 아닌 교육부가 인정하는 일반대학 혹은 대학원을 졸업한 자로 목회상담사에게 요구하는 모든 조건들을 충족시켜야 한다.

2) 제출서류: 아래의 사항을 제외하고 목회상담사 1급과 동일하다.

(1) 목회상담사 1급의 제출서류 중에서 '신학적 에세이' 대신 기독교 상담을 하게 된 동기나 소명감을 담은 3쪽 이상의 내용을 '신앙고백 에세이'를 제출해야 한다.

(2) 기독교상담사 1급 응시자는 출석교회의 목회자 추천서를 제출해야 한다.

3) 면접심사: 기독교상담 전문가 응시자는 자격심사위원회의 면접 심사를 통과해야 한다.

제8조 (목회/기독교상담 전문가)

1. 목회상담 전문가

1) 응시자격: 목회상담사 1급에 해당하는 모든 조건들과 함께 다음의 추가적인 조건 들을 충족시켜야 한다.

(1) 상담관련학점 이수: 다음의 네 항목 중 하나에 해당한 자

가. 목회상담사 1급 자격증을 받은 후 5년 이상 목회상담

분야에서 종사한 자로 1급 자격증을 취득한 이후에 본 협회가 인정한 교육기관에서 상담 관련 과목 24학점 이상을 이수한 자(1급 자격증 취득 후에 본 협회나 한국목회상담학회의 학술대회에 참석한 경우에는 1학점을 인정함)

나. 교육부가 인정한 신학대학원 또는 미국의 ATS가 인정한 신학대학원 또는 이에 준하는 대학원에서 상담학 전공 박사학위를 취득한 자

다. 상담학 관련 석사학위 받은 후 교육부가 인정한 신학대학원 또는 미국의 ATS가 인정한 신학대학원 또는 이에 준하는 대학원 상담학 전공 박사과정에서 24학점 이상을 수료한 자(박사과정을 시작한 후에 본 협회가 인준한 교육기관에서 수강한 상담관련 과목들 중에서 8학점까지 인정 받을 수 있으며 본 협회나 한국목회상담학회의 학술대회에 참석한 경우에는 1학점을 인정함)

라. 석사에서 상담학 관련 전공을 하지 않고 교육부가 인정한 신학대학원 또는 미국의 ATS가 인정한 신학대학원에서 상담학 전공 박사과정에 있는 자로서 박사과정에서 36학점 이상 수료한 자(박사과정을 시작한 후에 본 협회가 인준한 교육기관에서 수강한 상담관련 과목들 중에서 12학점까지 인정받을 수 있으며 본 협회나 한국목회상담학회의 학술대회에 참석한 경우에는 1학점을 인정함)

(2) 500시간 이상의 상담 경력이 있는 자(개인상담, 부부상담 및 가족상담 혹은 집단 상담 지도)

(3) 슈퍼비전: 다음 중 하나에 해당되어야 한다.

가. 목회상담사 1급 자격증을 받은 후 본 협회 감독회원
에게서 30시간 이상의 개인슈퍼비전을 받은 자

나. 1급을 거치지 않고 바로 전문가로 지원하는 자로 80
시간 이상의 개인 슈퍼비전과 50시간 이상의 집단 슈
퍼비전을 받은 자

2) 제출서류

(1) 자격심사지원서(소정양식)

(2) 응시자격의 (1)항에 해당되는 증빙서류

(3) 상담경력증명서

(4) 슈퍼비전을 받은 증명서

(5) 목회상담신학논문: '목회상담을 위한 신학' 을 주제로 5쪽
이상의 논문

(6) 이력서

(7) 본 회 전문가 1인 이상의 추천서

3) 면접심사: 전문가 응시자는 자격심사위원회의 면접심사를
통과해야 한다.

2. 기독교 상담 전문가

1) 응시자격: 목회상담 전문가의 응시자격 중에서 '교육부가
인정하는 신학대학원이나 미국 ATS가 인정한 신학대학원에
서'를 제외하고 목회상담전문가와 동일하다.

2) 제출서류: '목회상담신학논문' 대신 '기독교 상담을 위한
신학' 을 주제로 5쪽 이상의 논문과 출석교회의 목회자 추천
서를 제출해야 한다.

3) 면접심사: 기독교상담 전문가 응시자는 자격심사위원회의
면접 심사를 통과해야 한다.

제9조(목회/기독교상담 감독)

1. 목회상담 감독

1) 응시자격: 다음 사항을 모두 충족시켜야 한다.
 (1) 목회상담 전문가 자격증을 받은 후 최소한 3년 이상 이 분야에 종사한 자
 (2) 총 1,500시간 이상의 상담 경력이 있는 자
  가. 교육부가 인정하는 신학대학원 혹은 미국 ATS가 인정하는 신학대학원 및 이에 준하는 학교에서 상담학 전공의 박사학위(Ph.D. 또는 동등학위)를 취득한 경우는 상담 경력 500시간을 인정한다.
  나. 목회상담협회가 인정하는 대학에서 교수경력 10년 이상의 경우에 500시간을 인정한다.
 (3) 목회상담 전문가 자격증 취득 후 총 100시간 이상의 수련 슈퍼비전을 한 자
  가. 100시간의 수련 슈퍼비전 중에서 25시간 이상은 본회의 2명 이상의 감독으로부터 슈퍼비전을 받으면서 수련 슈퍼비전을 해야 한다.
  나. 월례 사례 발표회에서 2회 이상 슈퍼비전을 해야 한다. 이 경우에 매회 수련 슈퍼비전으로 3시간씩 인정받을 수 있다.
2) 제출서류
 (1) 자격심사지원서(소정양식)
 (2) 감독 2인 이상의 추천서
 (3) 목회상담 전문가 자격증 사본
 (4) 상담경력 증명서
 (5) 수련 슈퍼비전 증명서
 (6) 이력서
 (7) 연구 실적(5년간의 논문, 저서 및 역서)
 (8) 목회상담 슈퍼비전 논문: 목회상담 슈퍼비전에 대한 이

론과 실제에 대한 5쪽 이상의 논문

   3) 면접심사: 목회상담 감독 응시자는 자격심사위원회의 면접
심사를 통과해야 한다.

  2. 기독교상담 감독: 기독교상담 감독의 응시자격과 제출서류는
'기독교상담 슈퍼비전 논문' 조항 외에는 목회상담 감독과 내
용이 동일하다.

제10조(감독회원 추대)

  1. 운영위원회는 목회상담 분야에 공헌한 자를 목회상담 감독 혹은
기독교상담 감독 회원으로 자격심사위원회에 추천할 수 있다.

  2. 자격심사위원회는 추천된 자를 심사하고 그 결과를 운영위원회
에 보고해야 한다.

제11조(자격시험공고) 자격심사는 5월과 11월 중에 실시하며 시험일자,
장소 및 기타사항은 시행 1개월 전에 공고한다.

제4장 기관회원의 자격규정

제12조(응시자격)

  본 협회가 인준하는 기관이 되려면 일정한 공간이 있어야 하며 본
협회의 전문가 이상의 회원이 운영책임자가 되어야 한다.

제13조(신청서류)

  1. 기관회원 신청서(소정양식)

  2. 지난 2년 동안의 사업보고서

  3. 운영 책임자 및 상담원의 이력서

  4. 교육과정소개서(교육기관으로 인준을 원할 경우)

제14조(교육과정 인정)

  1. 기관회원이 실시하는 교육이 협회의 자격증 응시 학점으로 인
정받으려면 대학원 수준의 교육으로 한 학급의 인원은 30명 이

하여야 하며, 매 학점 당 최소한 12시간 이상의 수업이 이루어져야 한다,

2. 교과목은 교육위원회의 사전 인준을 받아야 한다. 사전에 인준 받지 못한 과목은 자격심사위원회의 심사를 통해 인정받을 수 없다.

제15조(연회비) 기관회원은 연회비를 납부해야 한다.

제16조(재심) 본 협회에 속한 기관은 3년마다 자격심사 위원회의 재심사를 받아야 한다.

제5장 회원의 자격의 유지, 정지 그리고 징계

제17조(계속교육의 의무)

1. 자격증을 소지한 모든 회원은 본 협회나 한국목회상담학회가 시행하는 학술대회, 월례사례 슈퍼비전, 계속교육 세미나 등에 최소한 연 2회(1회 4시간 이상) 이상 참석해야 한다.

제18조(윤리강령 준수의 의무)

1. 본 협회의 회원은 협회가 제정한 윤리 강령을 준수해야 한다.

2. 본 협회의 회원이 윤리강령을 위반할 경우에는 윤리위원회가 강령에 따라 징계를 결정한다.

제19조(회비 납부의 의무)

1. 자격증을 수여 받은 자는 협회가 정하는 연회비를 납부해야 한다.

2. 회비는 해마다 운영위원회에서 정하며 그 내용을 1월 중에 공고해야 한다.

3. 회비는 매년 10월 말까지 완납해야 한다.

4. 1년 이상 회비를 납부하지 않은 회원은 자격심사위원회의 결정에 따라 자격이 정지될 수 있다.

제20조(자격의 정지)

　　1. 자격심사위원회는 매년 11월 중에 회원들의 자격의 유지 여부
　　를 심사하여 정지에 해당되는 회원에게는 1차 경고한 후 2개월
　　의 유예기간을 가진 후 의무 사항이 이행되지 않을 시 자격정지
　　를 결정하고 회원들에게 통보한다.

　　2. 자격을 정지당한 회원은 정지 기간 동안의 상담이나 교육 활동
　　을 인정받지 못한다. 전문가나 감독의 자격이 정지되면 정지 기
　　간 동안 수행한 개인분석이나 개인슈퍼비전은 지원자의 심사과
　　정에서 인정받을 수 없다.

　　3. 자격을 정지당한 회원은 의무를 이행하고 재허입을 신청할 경
　　우 자격심사위원회는 의무이행 여부를 확인하고 자격을 복귀하
　　는 결정을 내리고 이를 본인에게 통보한다.

제21조(징계)

　　1. 회원이 본 협회의 윤리강령을 위반하였을 경우에는 윤리위원회
　　가 윤리규정에 따라 징계를 결정한다.

제6장 규정의 개정 및 시행일

제22조(개정)

　　1. 자격심사위원회는 2년에 한 번씩 본 규정을 검토한 후에 개정이
　　필요한 경우에는 운영위원회에 건의하여 개정할 수 있다.

　　2. 본 규정이 개정되면 3개월 이상 공지한 후에 시행할 수 있다.

　　3. 시행 세칙을 마련할 경우에는 자격심사위원회의 결의로 가능하
　　며 그 내용을 운영위원회에 보고해야 한다.

제23조(시행일)

　　1. 본 새로운 규정은 개정된 날로부터 시행한다.

강희천 (2000). 종교심리와 기독교교육. 서울: 대한기독교서회.

권수영 (2004). 우리 사이 좋은 사이: 한국적 목회 상황에서의 경계문제. **목회
와 상담**, 5: 65-97.

권수영 (2006a). 누구를 위한 종교인가—종교와 심리학의 만남. 서울: 책세상.

권수영 (2006b). 자기, 문화 그리고 하나님 경험. 서울: 크리스천헤럴드.

김동기 (2003). 종교심리학: 종교적 삶의 심리학적 이해. 서울: 학지사.

박승호 (1998). 상처받은 하나님의 마음: 한에 대한 동양적 개념과 죄에 대한
서양기독교적 개념. 서울: 대한기독교서회.

반신환 (2004). 기독교영성의 관점으로 살펴보는 기독교상담의 정체성. 한국
기독교상담학회지, 7: 45-75.

정재현 (2003). 신학은 인간학이다. 서울: 분도출판사.

정재현 (2005). 폴 틸리히의 상호관계방법에 대한 분석과 비판: 우리 자리에
서 신학하기를 위하여. **신학논단**, 39: 213-241.

Albers, R. (1995). *Shame: A faith perspective*. New York: Haworth Press.

Ali Watkins, C. (1999). *Survival and liberation: Pastoral theology in African American context*. St. Louis, MO: Chalice Press.

Anselm of Canterbury (2001). *Why God became man?* 이은재 역. 인간이 되신 하나님. 서울: 한들출판사.

Armistead, M. K. (1995). *God-images in the healing process*. Minneapolis, MN: Fortress Press.

Bowden, H. (2005). *Shame and guilt: Treatment-seeking correlates of eating disorders in college students*. Doctoral dissertation, University of Florida.

Bringle, M. (1994). Swallowing the shame: Pastoral care issues in food abuse. *Journal of Pastoral Care, 48*: 135-144.

Brown, C. (1986). Seward Hiltner's contribution to parish ministry. *The Journal of Pastoral Care, 40*: 114-118.

Browning, D. (1991). *A fundamental practical theology: Descriptive and strategic proposals*. Minneapolis, MN: Fortress Press.

Buie, D. (1981). Empathy: its nature and limitations. *Journal of the American Psychoanalytic Association, 29*: 28-308.

Capps, D. (1993). *The depleted self: Sin in a narcissistic age*. Minneapolis, MN: Augsburg Fortress Publishers.

Chodorow, N. (1978). *The reproduction of mothering: Psychoanalysis and the sociology of gender*. Berkeley, CA: University of California Press.

Doehring, C. (1993). *Internal desecration: Traumatization and God representations*. Lanham, MD.: University Press of America.

Dykstra, R. (1997). *Counseling troubled youth*. Louisville, Kentueky: Westminster John Knox Press.

Ellis, A. (1994). *Reason and emotion in psychotherapy*. New York:

Birch Lane Press.

Emerson, Jr., J. (2000). Book review of *Survival and liberation*. *Pastoral Psychology, 48*: 337-341.

Erikson, E. (1982). *The life cycle completed*. New York: W.W. Norton & Company.

Erikson, E. (1997). *Young man Luther*. 최연석 역. **청년 루터**. 서울: 크리 스챤다이제스트.

Fenichel, O. (1945). *The psychoanalytic theory of neurosis*. New York: W. W. Norton & Company.

French, T., & Fromm, E. (1964). *Dream interpretation: A new approach*. New York: Basic Books.

Freud, S. (2003). 이윤기 역. **종교의 기원**. 서울: 열린책들.

Fromm-Reichmann, F. (1950). *Principles of intensive psychotherapy*. Chicago: University of Chicago Press.

Gilligan, J. (1997). *Violence: Reflections on national epidemic*. New York: Vintage Books.

Goldberg, A. (Ed.) (1978). *The psychology of the self: A casebook*. New York: International Universities Press.

Goldberg, A. (1983). On the scientific status of empathy. *Annual of Psychoanalysis, 11*: 155-159.

Graham, L. K. (1997). *Discovering images of God: Narratives of care among lesbians and gays*. Louisville, Kentucky: Westminster John Knox Press.

Hall, G. S. (1904). *Adolescence: Its psychology and relations to physiology, anthropology, sociology, sex, crime, religion and education* (2 vols). New York: Appleton.

Heims, S. (1991). *The cybernetics group*. Cambridge, MA: MIT Press.

Hiltner, S. (1968). *Preface to pastoral theology*. 민경배 역. **목회신학원론**. 서울: 대한기독교서회.

Howe, L. T. (1995). *The Image of God: A Theology for Pastoral Care and Counseling.* Nashville: Abingdon Press, 1995

Hubble, M., Duncan, B., & Miller, S. (1999). *The heart & soul of change: What works in therapy.* Washington, DC: American Psychological Association.

Jackson, G. (1908). *The fact of conversion: The Cole Lectures for 1908.* New York: Revell.

James, W. (2000). *The varieties of religious experience.* 김재영 역. 종교적 경험의 다양성. 서울: 한길사.

Jones, J. (1999). *Contemporary psychanalysis and religion.* 유영권 역. 현대 정신분석학과 종교. 서울: 한국심리치료연구소.

Jordan, M. (2011). *Taking on the Gods:* 권수영 역. 신(神)들과 씨름하다: 목회상담사의 지상과제. 서울: 학지사.

Kaufman, G. (1981). *The theological imagination: Constructing the concept of God.* Philadelphia: The Westminster Press.

Kaufman, G. (1985). *Theology for a nuclear age.* Philadelphia: The Westminster Press.

Kaufman, G. (1999). *An essay on theological method.* 기독교통합학문연구소 역. 신학방법론. 서울: 한들출판사.

Kohut, H. (1971). *The analysis of the self.* New York: International Universities Press.

Kurtz, E. (1981). *Shame and guilt: Characteristics of dependency cycle.* New York: Hazelden.

Kwon, S.-Y. (2003). Mental God-representation reconsidered: Probing collective representation of cultural symbol. *Archiv für Religionpsychologie, 25*: 113-128.

Lee, E. (Ed.) (1997). *Working with Asian Americans: A guide for clinicians.* New York: Guilford Press.

Leuba, J. H. (1896). A study in the psychology of religious

phenomena. *American Journal of Psychology, 7*: 309-385.

Levy, S. (1985). Empathy and psychoanalytic technique. *Journal of the American Psychoanalytic Association, 33*: 353-378.

Lichtenberg, J. (1984). *Empathy*, vol. 1. Hillsdale, NJ: Analytic Press.

Lim, L. (1996). Exploring embodiment. In K. H. Ragsdale (Ed.), *Boundary Wars: Intimacy and distance in healing relationships* (pp. 58-77). Cleveland, Ohio: The Pilgrim Press.

Loewald, H. (1980). *Papers on psychoanalysis*. New Haven: Yale University Press.

McDargh, J. (1983). *Psychoanalytic object relations theory and the study of religion: On faith and the imaging of God*. Lanham, MD: University Press of America.

Middelton-Moz, J. (1990). *Shame and guilt: Masters of disguise*. Deerfield Beach, Florida, HCI.

Miller-McLemore, B., & Gill-Austern, B. (Eds.). (1999). *Feminist womanist pastoral theology*. Nashville: Abingdon Press.

Mitchell, S., & Black, M. (2000). *Freud and beyond*. 이재훈, 이해리 역. 프로이트 이후: 현대정신분석학. 서울: 한국심리치료연구소.

Nathanson, D. (Ed.). (1987). *The many faces of shame*. New York : Guilford Press.

Neville, R. (1991). *A theology primer*. New York: State University of New York Press.

Nielson, S., Johnson, W. B., & Ellis, A. (2003). *Counseling and psychotherapy with religious persons: A rational emotive behavior therapy approach*. 서경현, 김나미 공역. 종교를 가진 내담자를 위한 상담 및 심리치료. 서울: 학지사.

Patton, J. (1986). Toward a theology of pastoral event: Reflections on the work of Seward Hiltner. *The Journal of Pastoral Care, 40*: 129-141.

Piers, G. (1972). *Shame and guilt: A psychoanalytic and a cultural study*. New York: W. W. Norton & Company, Inc.

Potter-Efron, R. (1989). *Shame, guilt, and alcoholism: Treatment issues in clinical practices*. New York: Haworth Press.

Rambo, L. (1993). *Understanding religious conversion*. New Haven: Yale University Press.

Reik, T. (1949). *Listening with the third Ear: The inner experience of a psychoanalyst*. New York: Farrar Straus Giroux.

Rieff, P. (1966). *The triumph of the therapeutic: Uses of faith After Freud*. Chicago: University of Chicago Press.

Rizzuto, A.-M. (2000). *The birth of the living God*. 이재훈 외 역. 살아있는 신의 탄생: 정신분석학적 연구. 서울: 한국심리치료연구소.

Saussy, C. (1991). *God images and self esteem: Empowering women in a patriarchal society*. Louisville, Kentucky: Westminster John Knox Press.

Shapiro, T. (1974). The development and distortions of empathy. *Psychoanalytic Quarterly, 43*: 4-25.

Shapiro, T. (1981). Empathy: A critical evaluation. *Psychoanalytic Inquiry, 1*: 423-448.

Schleiermacher, F. E. (1976). *Der Christliche Glaube*. trans. Mackintosh, H. R. *The Christian Faith*. Philadelphia: Fortress Press.

Starbuck, E. (1897). A study of conversion. *American Journal of Psychology, 8*: 268-308.

St. Clair, M. (1994). *Human relationships and the experience of God: Object relations and religion*. Mahwah, N.J.: Paulist Press.

Stern, D. (1988). Not misusing empathy. *Contemporary Psychoanalysis, 24*: 598-611.

Stern, D. (1994). Empathy is interpretation (and who ever said it wasn't). *Psychoanalytic Dialogues, 4*: 441-471.

Stone, H., & Duke, J. (1996). *How to think theologically.* Minneapolis: Fortress Press.

Tangney, J. P., & Dearing, R. L. (2002) *Shame and guilt.* New York: Guilford Press.

Taylor, C. W. (2002). *The skilled pastor: Counseling as the practice of theology.* 황영훈 역. 합리적 정서요법과 목회상담. 서울: 한국장로교출판사.

Tomkins, S. (1962). *Affect imagery consciousness.* New York: Springer Publisher.

Tournier, P. (1998). *A listening ear.* 임성기 역. 귀를 핥으시는 하나님. 서울: 도서출판 불꽃.

Tillich, P. (1948). *The shaking of the foundations.* New York: Charles Scribner's Sons.

Tillich, P. (1951). *Systematic theology Vol. 1.* Chicago: University of Chicago Press.

Vergote, A. et al. (1981). *The parental figures and the representation of God: A psychological and cross-cultural study.* The Hague, The Netherlands: Mouton Publishers.

Walen, S., DiGiuseppe, R., & Dryden, W. (1992). *A practitioner's guide to rational-emotive therapy.* New York: Oxford University Press.

Wiener, N. (1948). *Cybernetics.* Cambridge, MA: MIT Press.

Winnicott, D. (1997). *Playing and reality.* 이재훈 역. 놀이와 현실. 서울: 한국심리치료연구소.

⑴》 내 용

저자 소개

권 수 영

현 연세대학교 연합신학대학원 상담코칭학과 교수
 연세대학교 상담 · 코칭지원센터 소장

연세대학교 신과대학(신학 전공)을 졸업한 후, 미국 Boston University(목회상담학 전공)와 Harvard University(기독교와 문화 전공)에서 각각 석사학위를 받고, 미국 GTU(Graduate Theological Union)에서 Ph.D.(종교와 심리학 전공)를 취득하였다.

미국목회상담학회(AAPC) 인증 임상기관인 캘리포니아 소재 Lloyd Center에서 목회상담사를 역임하였고, 미국종교학회(AAR)와 국제종교심리학회(IAPR) 등에서 문화심리와 종교심리 및 상담과 관련하여 많은 논문을 발표하였으며, 미국 및 유럽의 여러 학술지에 다수의 논문을 게재하였다. 현재 미국 목회상담학의 가장 오래된 전문학술지인 『Pastoral Psychology』의 중앙편집위원이며, 한국기독교상담심리학회 회장, 한국상담학회 부부가족상담학회 회장, 한국상담진흥협회 회장 등 국내 여러 전문상담 분야에서 선도적인 역할을 하고 있다.

저서로는 『프로이트와 종교』(살림), 『누구를 위한 종교인가: 종교와 심리학의 만남』(책세상), 『자기, 문화 그리고 하나님 경험』(크리스천헤럴드), 『한국인의 관계심리학』(살림) 등이 있다.

기독(목회)상담, 어떻게 다른가요
– 심리학과 신학의 만남

2007년 3월 13일 1판 1쇄 발행
2024년 10월 30일 1판 12쇄 발행

지은이 • 권 수 영
펴낸이 • 김 진 환
펴낸곳 • (주)**학지사**
　　　　04031 서울특별시 마포구 양화로 15길 20 마인드월드빌딩 5층

대표전화 • 02) 330-5114　　　팩스 • 02) 324-2345

등록번호 • 제313-2006-000265호

홈페이지 • http://www.hakjisa.co.kr
인스타그램 • https://www.instagram.com/hakjisabook/

ISBN 978-89-5891-452-5 93180

정가 **13,000**원

출판미디어기업 **학지사**

간호보건의학출판 **학지사메디컬** www.hakjisamd.co.kr
심리검사연구소 **인싸이트** www.inpsyt.co.kr
학술논문서비스 **뉴논문** www.newnonmun.com
원격교육연수원 **카운피아** www.counpia.com
대학교재전자책플랫폼 **캠퍼스북** www.campusbook.co.kr